Bezugsquellen für das Handbuch:

www.ace5handbook.com
www.etcontacthub.com
Amazon

Copyright © 2021

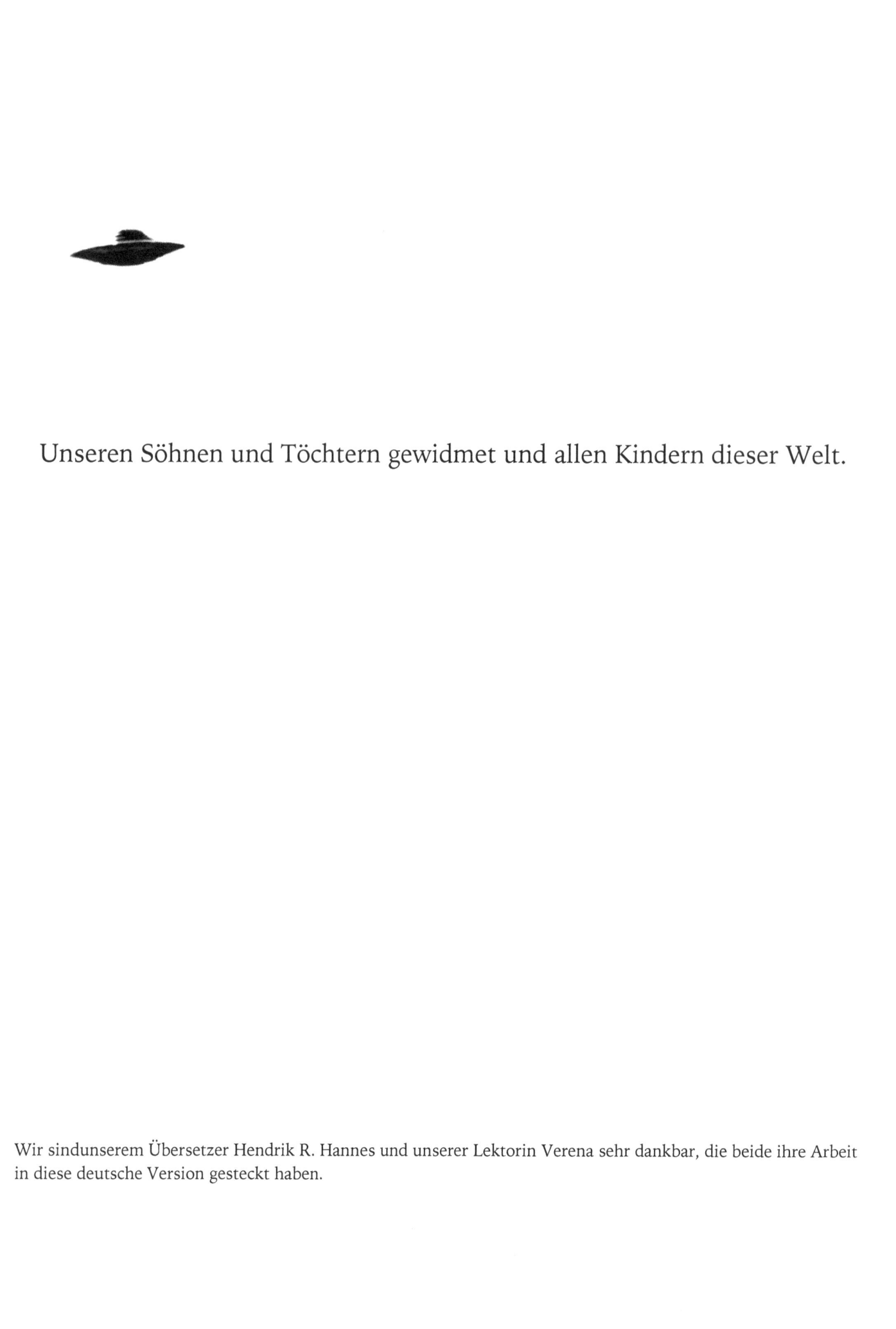

Unseren Söhnen und Töchtern gewidmet und allen Kindern dieser Welt.

Wir sindunserem Übersetzer Hendrik R. Hannes und unserer Lektorin Verena sehr dankbar, die beide ihre Arbeit in diese deutsche Version gesteckt haben.

INHALT

Kapitel 1: Einführung in CE-5

Was ist 'CE-5'? 6
Willkommen 7
CE-5 Geschichte 8
Unsere Calgary CE-5-Geschichte................. 10
Schlüssel-Elemente 11
    1. Ein-Geist-Bewusstsein 11
    2. Ein aufrichtiges Herz 12
    3. Klare Intention 13
Weitere Hilfreiche Stützen 14
    Good, Good, Good, Good Vibrations 14
    Gruppenkohärenz und Kohäsion 18
    Glauben = Sehen 22

Kapitel 2: Wesentliches/ Anleitungen/Und los geht's

Mit anderen verbinden 26
So findest du Leute 27
Retreats 28
Führen einer Gruppe 29
Auswahl des Standortes 30
Dein erstes CE-5 32
Packliste 33
Orientierung 34
Tagebuch führen 37
Ausrüstung 38
    Benutze keinen Laserpointer 40
    Seriöse Laserpointer-Quellen 40
    Apps 42
    Geräte zum Empfang von Kommunikationen 44
    Geräte zum Aufzeichnen von Sichtungen 46
    Fotos 48
Interne Kommunikation 50
Externe Kommunikation 52
Meditationen 58
    Vision einer neuen Welt 62
    Globale CE-5-Initiative 64
    Universelles Eins 65

Fortsetzung Meditationen
    Jeder Moment ist Meditation 66
    Goldenes Zeitalter 67
    Treffen mit einem Wesen 68
    Schnell & effektiv 70
    Interplanetarer Rat 72
    Resonanz-Energie 74
    Reinigungs-Meditationen 76
        Chakra-Reinigung 76
        Heilung negativer Einflüsse 77
        Reinigung Erdenergie Einatmen 78
        Erdung und kosmische Energie 80
        Erdung im Liegen 84
Remote Viewing 86
Bio-elektromagnetische Kommunikation 88
Musik und Klang 90
    Pujas 92
    Tönen und Summen 94
    Weitere Klangsachen 95
Muster für CE-5-Programme 96
Troubleshooting 100
1 Sichtung in 6 Einsätzen 103

Kapitel 3: Meinungs-Editorial / Anhang und Sonstiges

Unter falscher Flagge 106
Freitag 107
Freie Energie 108
Die Welt im Wandel 109
People's Disclosure Movement.................... 110
Vorsicht vor Spaltung 112
Wie man eine Bewegung zerstört 113
Die Zukunft 114
CE-5 Mustervorlagen 116
Wer ist wer bei CE-5 124
Medienempfehlungen 126
Begriffsglossar 128

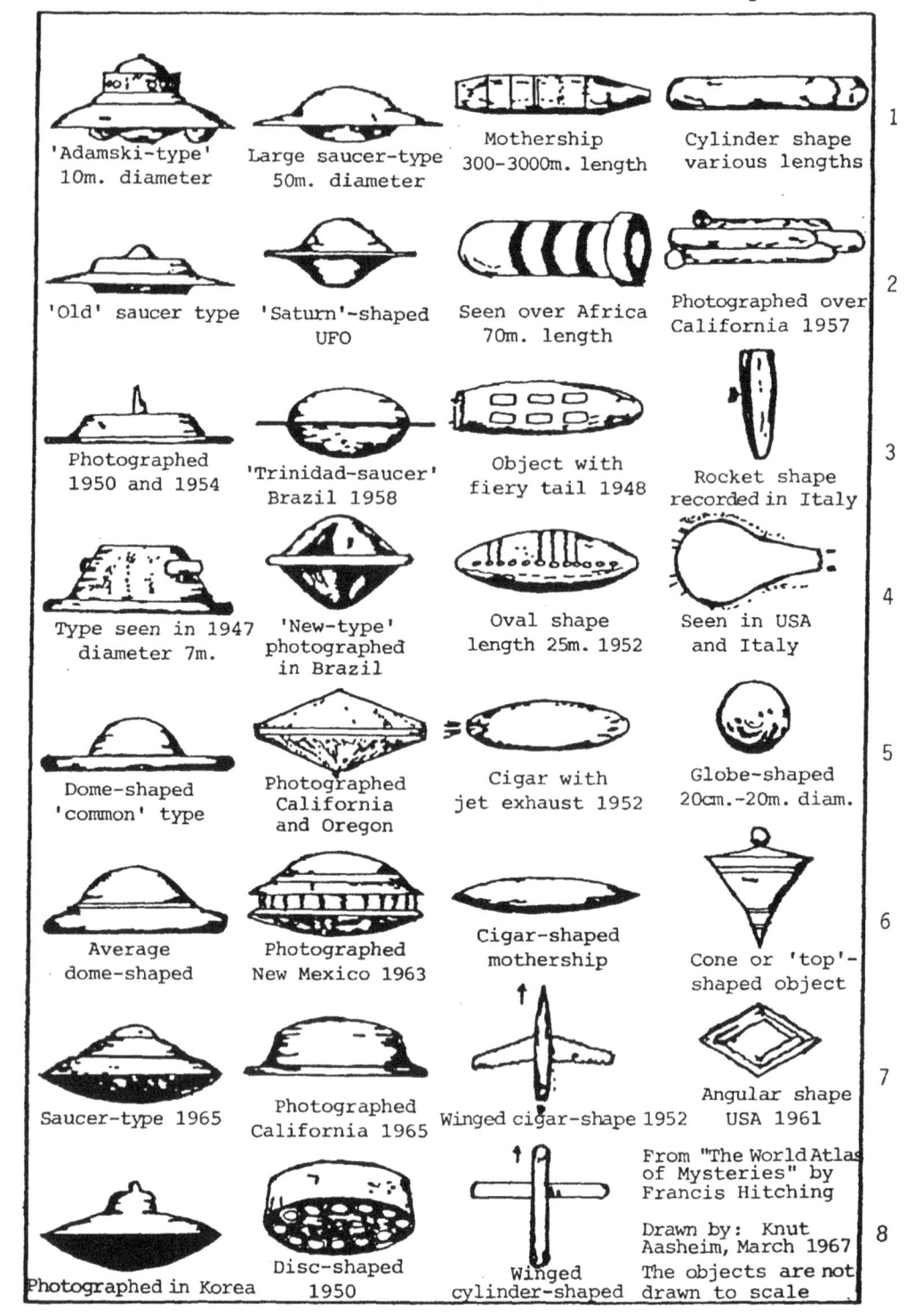

	A	B	C	D
1	'Adamski-type' 10m. diameter	Large saucer-type 50m. diameter	Mothership 300-3000m. length	Cylinder shape various lengths
2	'Old' saucer type	'Saturn'-shaped UFO	Seen over Africa 70m. length	Photographed over California 1957
3	Photographed 1950 and 1954	'Trinidad-saucer' Brazil 1958	Object with fiery tail 1948	Rocket shape recorded in Italy
4	Type seen in 1947 diameter 7m.	'New-type' photographed in Brazil	Oval shape length 25m. 1952	Seen in USA and Italy
5	Dome-shaped 'common' type	Photographed California and Oregon	Cigar with jet exhaust 1952	Globe-shaped 20cm.-20m. diam.
6	Average dome-shaped	Photographed New Mexico 1963	Cigar-shaped mothership	Cone or 'top'-shaped object
7	Saucer-type 1965	Photographed California 1965	Winged cigar-shape 1952	Angular shape USA 1961
8	Photographed in Korea	Disc-shaped 1950	Winged cylinder-shaped	From "The World Atlas of Mysteries" by Francis Hitching. Drawn by: Knut Aasheim, March 1967. The objects are not drawn to scale

KAPITEL 1:
EINFÜHRUNG IN CE-5

WAS IST CE-5?

CE-5 ist ein Kürzel für: "Nahbegegnungen der fünften Art"

"Close Encounter" ist ein Begriff, der von Dr. J. Allen Hynek erfunden wurde, der zwischen 1947 und 1969 Unidentifizierte Flugobjekte (UFOs) bei der US Airforce untersuchte. Das ursprüngliche Hynek-Klassifizierungssystem für "Nahbegegnungen" umfasste drei Typen, wobei spätere Forscher die Liste ergänzten. "Close Encounters" können grob in zwei Gruppen eingeteilt werden:

- Die ersten vier Arten von Kontakten, CE-1, 2, 3 und 4, sind solche, bei denen eine Begegnung mit einem UFO oder Außerirdischen (ET) passiver Natur ist; sie ist entweder zufällig oder indirekt, oder eine, bei der ET die Begegnung initiieren. Wenn es passiert, ist es oft außerhalb unserer Kontrolle.

- Ein CE-5 hingegen ist eine Begegnung, bei der Menschen aktiv den Kontakt initiieren und bei der wir eine friedliche bilaterale Kommunikation mit ET aufrechterhalten.

„Wie sieht ein CE-5 aus? – „
Es könnte nach vielen Dingen aussehen, aber meistens kommen bei einem CE-5 eine oder mehrere Personen zusammen, um zu meditieren und Botschaften an unsere ET-Freunde zu senden. Interne und externe Botschaften werden zurück empfangen. Ein CE-5 wird am häufigsten im Freien unter dem Sternenhimmel durchgeführt, um Sichtungen von UFOs mit mehreren Augenzeugen zu ermöglichen.

> Als Dr. Hynek mit seiner Studie über UFOs begann, war er sehr skeptisch. Aber als er das Thema studierte, gelangte er zu der Überzeugung, dass nicht alle UFOs wegerklärt werden können. Am Ende seiner Jahre der Forschung machte er diese kühne Aussage in Bezug auf *Extraterrestrische Intelligenz* (ETI) und *Extradimensionale Intelligenz* (EDI): **"Es gibt genügend Beweise, um beide zu belegen."**

WILLKOMMEN BEIM CE-5-HANDBUCH!

Es ist unsere Absicht, ein leicht verständliches und praktisches Handbuch zur Verfügung zu stellen, das ihr mit ins Feld nehmen könnt, um Kontakt mit unserer Sternenfamilie aufzunehmen.

Warum Kontakt aufnehmen? Ihr werdet vielleicht überrascht sein zu erfahren, dass es bei der Kommunikation mit Außerirdischen nicht darum geht, eine visuelle Sichtung zu bekommen oder zu versuchen, die Welt zu retten. Es geht bei diesem außerirdischen Dialog eigentlich um das Geschenk der Erweiterung deines eigenen Bewusstseins.

In diesem Zusammenhang ist es irrelevant, Raumschiffe zu sehen oder freie Energie zu nutzen! Diese Ereignisse werden sich ganz von selbst als Nebenprodukt unserer Evolution manifestieren.

Jeder von uns hat seinen eigenen, einzigartigen Weg, sein höheres Selbst zu finden. Wählt daher aus den hier vorgestellten, bewährten Techniken aus und lasst euch von ihnen inspirieren, um eure eigenen Konzepte für den Kontakt zu kreieren.

Wir hoffen, dass ihr es genießt, reichhaltige, aufregende und erhebende Erfahrungen mit unseren galaktischen Nachbarn zu erschaffen.

Bewusstseins-Erweiterung macht Spaß.

Also, habt ganz viel Spaß!

DIE GESCHICHTE HINTER CE-5

Die *CE-5-Kontaktprotokolle* wurden 1973 von Dr. Steven Greer und mehreren (inter)galaktischen Intelligenzen gemeinsam entwickelt. Diese Wesen teilten Dr. Greer mit, wie wichtig es sei, dieses Protokoll zu den Menschen zu bringen, was er einige Jahrzehnte später intensiv zu tun begann. Menschlich initiierter Kontakt existiert auch außerhalb des Protokolls, das ihm vermittelt wurde. Hierzu einige Beispiele:

- Im Laufe der Geschichte haben Schamanen indigener Kulturen auf der ganzen Welt schon immer eine fließende Verbindung zu ET.

- Am 15. März 1954 schickte eine Gruppe von Forschern eine telepathische Botschaft ins All und erklärte diesen Tag als "*Weltkontakttag*". Seitdem haben sie viele Sitzungen abgehalten und schreiben diesem Ereignis einen Anstieg an UFO-Sichtungen an diesem Tag zu.

- In den 60er-Jahren schickten und empfingen Gruppen von Hippies in den USA und in Großbritannien Botschaften von ET.

- 1974 begannen *Sixto Paz Wells* und die peruanische Gruppe "*Rahma*", Kommunikationen zu senden und zu empfangen und luden die internationale Presse ein, mehrere UFO-Sichtungen, die im Voraus geplant waren, zu bestätigen und darüber zu berichten.

Dr. Greer gründete 1990 die Gruppe **CSETI** (Center for the Study of Extraterrestrial Intelligence, Zentrum für das Studium außerirdischer Intelligenz). Über die vielen Jahre, in denen Dr. Greer die Kontaktprotokolle mit seiner Gruppe umsetzte und lehrte, und durch Kosta Makreas' vereinigende Organisation "The People's Disclosure Movement", hat sich der Name '**CE-5**' inzwischen über die ganze Welt verbreitet. Viele verschiedene Gruppen nehmen Kontakt auf, entweder inspiriert durch CE-5 oder auf ihre eigene Art und Weise. Auch wenn niemand genau weiß, wie viele Menschen oder Gruppen sich regelmäßig an CE-5 beteiligen, sind es schätzungsweise mehrere Tausende ... und es werden immer mehr.

Das ursprüngliche Protokoll beinhaltet die Verbindung zum Ein-Geist-Bewusstsein und Remote Viewing, um ET eine Anleitung zum Standort der Kontaktaufnahme zu zeigen. Töne, die bei anderen Sichtungen/Kornkreisen aufgezeichnet wurden, werden abgespielt, und es werden astronomische Laser und Gerätetypen verwendet. Dr. Greer wäre der erste, der sagt, dass man CE-5 nicht nach seiner Interpretation und seinem Design machen muss. Die Anweisungen eines anderen bis aufs I-Tüpfelchen zu befolgen, hat nichts damit zu tun, ob du Kontakt herstellen kannst oder nicht. Du wirst den Kontakt herstellen, wenn du dazu bereit bist, auf deine eigene Art und Weise. Das Wichtigste, was du aus diesem Handbuch mitnehmen solltest, ist, dass das beste Protokoll entdeckt ist, wenn du deinen eigenen Eingebungen folgst und es dir zu eigen machst.

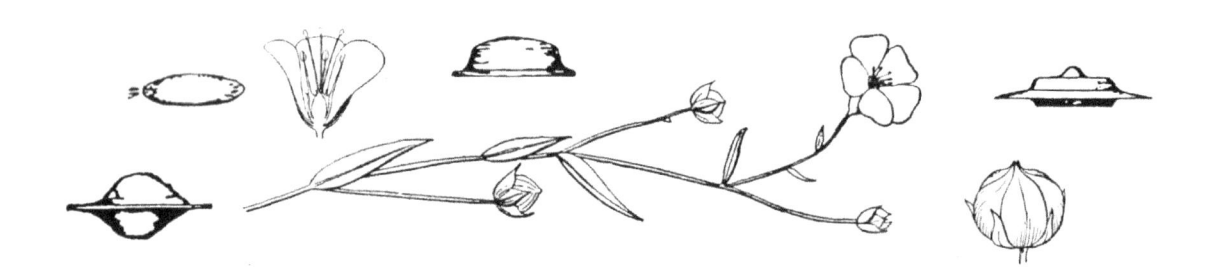

> "Sixto und Kosta sind coole Namen. Ich möchte mehr über sie wissen."
> Siehe "Wer ist wer?" am Ende dieses Dokuments für Biografien von wichtigen CE-5-Persönlichkeiten.

"WOMIT nehmen wir Kontakt auf?"
ET? Himmlische Wesenheiten? Geister? Energetische Wesenheiten?

Alte Paradigmen würden annehmen, dass wir physische Außerirdische kontaktieren, die physische Raumschiffe fliegen. Das kann durchaus sein: Manche ET mögen physische Wesen der Art sein, wie wir die 3D-Realität verstehen. Nun können wir aber aus den Sichtungen, Erfahrungen und Phänomenen, die in der Geschichte der Ufologie beobachtet wurden, logisch ableiten, dass viele, wenn nicht alle, ET *interdimensionale* Fähigkeiten besitzen. Sie können mit nicht-physischen Wesen oder „Geistwesen" in Verbindung stehen oder sogar solche sein. Was auch immer der Fall ist, wissen wir, dass wir mit wohlwollenden Wesen in Kontakt treten, die in erster Linie an der Bewusstseinserweiterung der Menschheit interessiert sind, und das Wichtigste, was sie in unseren Dialog einbringen, ist Liebe. Woher wissen wir das? Weil unsere inneren und äußeren Erfahrungen alle positiv waren und wir keine Sichtungen "bekommen", solange wir nicht selbst aus der Liebe heraus agieren.

"Was ist, wenn ihr euch irrt?" Wenn wir nicht mit irgendwelchen wohlwollenden Wesenheiten kommunizieren, dann ist die einzige andere Erklärung für unsere Erfahrungen, dass wir Menschen individuell oder als Gruppe die Fähigkeit haben, in die Realität das zu manifestieren, was wir wollen oder was wir erwarten. Was würde das alles bedeuten, wenn dies der Fall wäre? Dass wir diese unglaublichen Ergebnisse nicht ohne Liebe manifestieren können und dass wir gerade erst dabei sind, unser Potenzial herauszufinden. Das ist genauso cool.

UNSERE CALGARY CE-5-GESCHICHTE

Im Jahr 2013 sahen ein Freund und ich den Dokumentarfilm "*Sirius*". Wir waren so begeistert, dass wir eine CE-5-Gruppe gründeten. Unser erster Ausflug war ein Sommertag mit strahlend blauem Himmel, bis auf ein kleines Wolkenbündel, auf das ich die Gruppe hinwies: "Sieht das nicht aus wie das Wort 'Hi'?"
Wir alle lachten und widmeten uns wieder unserer Meditation. Wir hätten ein Foto machen sollen! Ich glaube jetzt, dass das ein subtiler Willkommensgruß von unseren Sternenfreunden war. Drei Jahre lang hatten wir innere Erfahrungen. Manchmal sah ein Einzelner einige anomale Phänomene. Wir waren frustriert, weil wir keine Sichtungen mit mehreren Zeugen hatten. Dann fuhren ein paar von uns zum Mt. Shasta zu einem Retreat, das vom einzigartigen Kosta Makreas veranstaltet wurde. Was für eine erstaunliche Kontakt-Erfahrung! Als wir zurückkamen, wussten wir besser, wonach wir am Himmel Ausschau halten mussten. Seitdem war das letzte Jahr eine wunderbare Vorstellung von (in Reihenfolge der zunehmenden Unleugbarkeit):

- Vielen "vermeintlichen Meteoriten". (Die hauptsächliche Anomalie daran ist ihre große Anzahl, besonders im Hinblick darauf, dass unsere Beobachtungsnächte nicht an Nächten mit Meteoritenschauern stattfinden.)

- "Vermeintlichen Satelliten". Manche davon funkeln, blinken und/oder flackern.

- Anomalen schimmernden Farben im Sternhaufen der Plejaden.

- Einem Licht, heller als ein Planet, das durch eine Wolke erschien -als die Wolke sich auflöste, war das Licht verschwunden.

- Einer Vielzahl von Lichtblitzen und Gruppen von Lichtblitzen. (Kleine Lichtblitze wie ein Kamerablitz – siehe Glossar für weitere neue Begriffe.) Zweimal beobachteten wir über 50 davon in einer Reihe, die über den Himmel zogen.

- Vier sehr hellen, tief fliegenden Lichtern, eines war niedrig genug, um eine Wolke zu durchqueren und zu beleuchten. (Wir beobachteten, wie die Lichter am Rande des Horizonts fast zum Stillstand kamen.)

- Einer Kugel/Sphäre, die langsam vom Himmel wie eine Feder zu Boden schwebte.

- Einem sehr hellen Licht, das sich bewegte, anhielt, sich bewegte, wieder anhielt und dann davon zischte.

Wir sind wirklich gespannt, was als nächstes kommt. Diese drei trockenen Jahre waren notwendig für uns – denn wir mussten noch gehörig „wachsen", bevor wir bereit waren, visuelle Sichtungen zu haben.
Denkt nicht, dass es so lange dauern wird, bis ihr etwas seht! In letzter Zeit werden die Sichtungen immer häufiger und leichter zugänglich. Jetzt haben Menschen, die uns finden, bereits Sichtungen in ihrer ersten Nacht.

Wenn ihr die Empfehlungen in diesem Arbeitsbuch umsetzt, glauben wir, dass ihr innerhalb von sechs Exkursionen eine Sichtung bekommt.

Cielia und die Calgary CE-5 Gruppe

SCHLÜSSEL-ELEMENTE

Ob man die ursprünglichen *CSETI-Protokolle* befolgt, bleibt jedem selbst überlassen.
Was auch immer man tut, gibt es drei Schlüssel-Elemente, die für die Kontaktaufnahme essentiell sind:

1. Verbindung zum Ein-Geist-Bewusstsein

2. Ein aufrichtiges Herz

3. Klare Intention

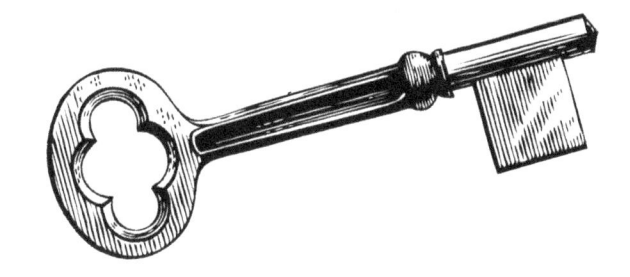

1. VERBINDUNG ZUM EIN-GEIST-BEWUSSTSEIN

Es muss sowohl im täglichen Leben als auch während der CE-5 eine Verbindung zur Quelle bestehen. Wer eine Gruppe leitet, ermutigt andere dazu, den Zustand des Einsseins, mit allem was ist, zu erreichen. Hier sind einige Techniken, um euch selbst und anderen beizubringen, wie man Zugang zum „Universellen Einen" bekommt:

- Beginnt mit dem Bewusstsein des eigenen Bewusstseins, breitet es von euch aus und verbindet es mit dem Bewusstsein von allem und jedem um euch herum – Tiere, Pflanzen, die anderen in eurer Gruppe, Menschen aus der Nachbarschaft, Menschen, die auf der Straße unterwegs sind. Lasst euer Bewusstsein sich in ihres ausbreiten und stellt euch vor, was sie fühlen und empfinden, während sie durch ihr Leben gehen.

- Löst euch von eurem individuellen Bewusstsein. Seht euch selbst aus der Vogelperspektive. Seid das größere Bewusstsein jenseits des Individuellen. Betrachtet euch von oben. Benennt euch selbst: "Da ist Jason, er sitzt da mit seiner Gruppe. Er sieht aus, als hätte er Spaß!"

- Weite die Grenze dessen, wer du bist, so weit und breit aus, dass dein ganzer Körper das gesamte Universum umfasst. Du bist das Universum. Alle Sterne, Galaxien, Nebel und Planeten existieren in deinen Armen, Beinen, deinem Rumpf und Kopf. Visualisiere die Aktivität von Sternen, die geboren werden und sterben, das Leben auf anderen Planeten, die großen Bewegungen der Sonnensysteme ... und schließe auch den intergalaktischen Raumverkehr ein!

- Wisse, dass es so etwas wie Vergangenheit und Zukunft nicht gibt. Alles ist jetzt. Wenn alles jetzt ist und jeder Moment gleichzeitig geschieht, UND wenn Reinkarnation real ist, wäre es dann nicht möglich, dass jeder Mensch, den du triffst, nur eine Version deiner selbst ist, die ein anderes Leben lebt? Stellt euch vor, wie es ist, die anderen Menschen in der Gruppe zu sein. Stellt euch vor, wenn ihr sie anseht, dass ihr in diesem Moment in einen Spiegel schaut.

- Stellt euch vor, dass ihr mit allem verbunden seid. Verbinden euch unsichtbare Fäden von Herz zu Herz? Eine Schnur am Solarplexus? Seht, wie die Erweiterung eurer selbst mit allen anderen Lebensformen in einem miteinander verknüpften Netzwerk aus Licht verbunden ist.

- Halte das Wissen in deinem Geist, dass Energie niemals vergeht, dass jede Handlung dich mit der Welt und allen Menschen um dich herum verbindet. Denke an den Schmetterlingseffekt.

- Sei dir bewusst: Wenn es dich nicht gäbe, könnte nichts davon existieren. Wirklich. Du bist ein integraler Teil des Ganzen.

- Wisse, dass du Teil von Gott/Quelle/Kosmos/Universum/Alles-Was-Ist/Schöpfer bist. Was siehst oder fühlst du, wenn du durch deine Augen siehst, wenn du das verinnerlicht hast? Wie würde es sich anfühlen, Gott (oder etc.) zu sein, der durch deine Augen sieht?

- Sei einfach. Werde still und lass alle Gedanken, die auftauchen, einfach wegschweben. Atme. Gleite in die Leere, schätze und fühle die Liebe.

Es ist sehr hilfreich für die CE-5-Praxis, sich regelmäßig mit dem einen Bewusstsein zu verbinden, um den Zugang zu diesem Bewusstseinszustand immer besser zu beherrschen. Wenn du den Dreh bei diesen Techniken nicht herausbekommst, mach dir keinen Druck. Wir kennen einige Menschen, die sich mit Meditation und Visualisierung schwertun, doch ihr freundlicher, bescheidener und dankbarer Geist verbindet sie mit dem Ein-Geist-Bewusstsein auf eine beständige Art und Weise, die vielleicht die periodische, bewusste Intention in den Schatten stellt.

2. EIN AUFRICHTIGES HERZ

Mit liebevoller Intention herangehen

Nichts zu beweisen haben

Authentisch

3. KLARE INTENTION

Warum tust du das?

- Um dein spirituelles Wachstum zu fördern
- Heilungen zuzulassen und zu empfangen
- Um die Menschheit zu erheben
- Eine diplomatische Initiative
- Um dich zu beflügeln und dir Hoffnung zu geben
- Das Geschenk visueller Sichtungen zu erhalten
- Die Bestätigung, dass wir nicht allein sind
- Dokumentation von Beweisen
- Bitte um kosmische Intervention
- Um Bereitwilligkeit und Bereitschaft für den nächsten Kontaktschritt zu zeigen
- Um schneller auf Freie-Energie-Geräte und die Freiheit der Menschheit hinzuarbeiten
- Um zu helfen, die Erde zu stabilisieren und ihr Harmonie zu geben
- Zu handeln, um eine bessere Welt für unsere Kinder zu schaffen
- Um Spaß zu haben!
- etc.

Klärt eure Absicht, bevor ihr beginnt, und klärt sie, während ihr weitermacht. Sie kann sich ändern, wenn ihr euch verändert, entweder während eines CE-5 oder durch euer tägliches Leben. Ihr könnt auch mehrere Intentionen gleichzeitig haben.

Intentionen während eines CE-5:
Wenn ihr das CE-5 beginnt, legt die Absicht für den Abend mit eurer Gruppe als Teil eurer Eröffnung fest. Ihr könnt reihum einzelne Teilnehmer bitten, ihre eigene persönliche Intention zu teilen, oder ihr könnt ein paar Freiwillige bitten, etwas zu sagen und eine Gruppenintention anzubieten, auf die sich alle einigen können.

Während der Kontaktarbeit könnt ihr euch natürlich auch neu ausrichten oder etwas hinzufügen, sollte dies erforderlich sein. Wenn ihr z. B. einen vermeintlichen Satelliten gesichtet habt, könnt ihr als Gruppe eure Gedanken und Herzen vereinen und darum bitten, dass er seine Richtung ändert, schneller fliegt, oder dass ein Raumschiff näher kommt. Wenn Wolken im Weg sind, könnt ihr gemeinsam versuchen, eine Wolkenauflösung durchzuführen. Oder ihr könnt darum bitten, dass die Mücken verschwinden oder dass der Gruppe wärmer wird. Vielleicht möchtet ihr eine Gruppenheilung für jemanden dort durchführen. Wenn ihr als Gruppe eine Absicht manifestiert, verstärkt sich diese Absicht exponentiell – um mehr darüber zu erfahren, lest die wissenschaftlich bestätigten Studien, die darüber durchgeführt wurden, wie TM (Transzendentale Meditation) die Kriminalitätsrate in Städten um bis zu 70% reduziert.

Wenn ihr eure Feldarbeit abschließt, setzt euch Intentionen für die Zeit nach dem CE-5 und erinnert euch gegenseitig daran, die Augen und andere Sinne auf der Heimfahrt, im Traumzustand und in den Tagen danach für mögliche Kommunikationen offenzuhalten.

"Was ist ein Power-Up?"
Eine Definition für diesen und andere unbekannte Begriffe findet ihr im Glossar am Ende des Buches.

WEITERE HILFREICHE STÜTZEN

Die ersten drei Säulen für den Kontakt sind grundlegende Prinzipien, die aus der Erfahrung von Dr. Greer stammen. Hier sind einige zusätzliche Elemente zur Steigerung des Kontakts, die aus unserem eigenen Erfahrungsschatz stammen.

- Schwingung
- Kohärenz und Kohäsion
- Glaube

GOOD, GOOD, GOOD, GOOD VIBRATIONS

Wenn wir akzeptieren, dass die gesamte Realität entlang einer Schwingungshierarchie verläuft, mit höheren und niedrigeren energetischen Dichten, Dimensionen oder Bewusstseinszuständen, die sich über ein riesiges Kontinuum erstrecken, erkennen wir, dass ET, aufgestiegene Meister, Engelswesen und andere derartige Wesenheiten eine höhere Schwingungsebene bewohnen als unsere begrenzte materielle 3D-Welt. Da sie auf einer höheren Frequenz als wir Menschen schwingen, existieren sie außerhalb unseres natürlichen Wahrnehmungsbereichs. In gewisser Weise sind wir blind für den großen Teil der kosmischen Wildnis. Aber wir stecken nicht völlig fest. Die gute Nachricht ist, dass auch wir ewige, multidimensionale Wesen sind.

Wenn wir es schaffen, unsere eigene Schwingungsfrequenz zu erhöhen und uns bemühen, unsere eigenen energetischen Schwingungen auf die der ET anzuheben oder daran anzugleichen, haben wir eine größere Chance, einander tatsächlich zu sehen und eine echte und greifbare Verbindung herzustellen. Lyssa Royal Holt bezeichnet diesen wünschenswerten Zustand als „die gemeinsame Basis".

Wie du deine Schwingung erhöhst

Während einer CE-5 kann deine energetische Frequenz auf verschiedene Arten erhöht 15ocale:

- Seid euch eures Ätherkörpers, eures höheren Selbst sowie aller Aspekte des Selbst jenseits von 3D bewusst.
- Seid spielerisch. ET 15ocale spielerisch mit euch sein, also macht einfach mit.
- Haltet die Stimmung beim CE-5 leicht und fröhlich.
- Entspannt euch. Vielleicht seht ihr bei eurem nächsten CE-5 etwas, vielleicht auch nicht, aber ihr werdet daran wachsen und reifen.
- Wertschätzung ist der schnellste Weg, um deine Schwingung zu erhöhen. Sei dankbar für deine Gesellschaft, die Nacht, die Sterne, die Unendlichkeit, das Leben, coole Laserpointer.
- Sei du selbst. Du bist von Mit-Verrückten umgeben, also tobt euch ruhig ein wenig aus.
- Werdet schläfrig. Kommt in einen Theta-Gehirnwellen-Zustand.
- Meditiert zur Vorbereitung auf eine CE-5-Session, als Gruppe oder alleine. Meditiert generell so oft, wie es euch möglich ist.
- Erinnert alle daran, dass wir nicht nur physische Wesen sind, sondern dass wir ewige, spirituelle Wesen mit vielen Aspekten des Selbst sind. Je mehr wir unser Bewusstsein erweitern, desto mehr 15ocale wir mit universeller Sicht wahrnehmen können und mehr Phänomene erleben.
- Erwartet, dass es geschieht. Ihr seid ein unendliches, ewiges Wesen und ihr WERDET Kontakt haben, früher oder später.
- Doch bleibt gelassen. Seid nicht enttäuscht oder entmutigt, wenn scheinbar nichts passiert. Wünsche dir die Erfahrung, aber BRAUCHE sie nicht.

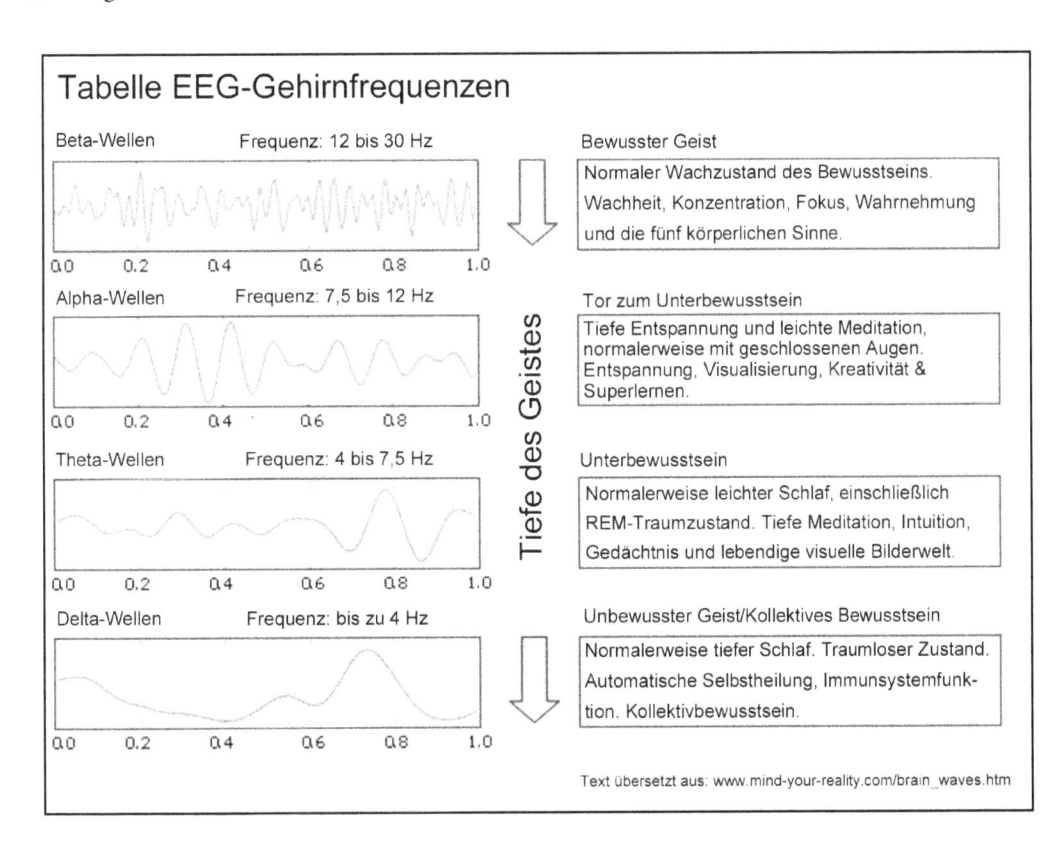

Tabelle EEG-Gehirnfrequenzen

Beta-Wellen — Frequenz: 12 bis 30 Hz → **Bewusster Geist**
Normaler Wachzustand des Bewusstseins. Wachheit, Konzentration, Fokus, Wahrnehmung und die fünf körperlichen Sinne.

Alpha-Wellen — Frequenz: 7,5 bis 12 Hz → **Tor zum Unterbewusstsein**
Tiefe Entspannung und leichte Meditation, normalerweise mit geschlossenen Augen. Entspannung, Visualisierung, Kreativität & Superlernen.

Theta-Wellen — Frequenz: 4 bis 7,5 Hz → **Unterbewusstsein**
Normalerweise leichter Schlaf, einschließlich REM-Traumzustand. Tiefe Meditation, Intuition, Gedächtnis und lebendige visuelle Bilderwelt.

Delta-Wellen — Frequenz: bis zu 4 Hz → **Unbewusster Geist/Kollektives Bewusstsein**
Normalerweise tiefer Schlaf. Traumloser Zustand. Automatische Selbstheilung, Immunsystemfunktion. Kollektivbewusstsein.

Tiefe des Geistes

Text übersetzt aus: www.mind-your-reality.com/brain_waves.htm

TIPP: Um die Hirnfrequenzen selbstbestimmt zu modifizieren arbeitet z. B. mit Stimmgabeln oder Subliminal-Musik, besonders Hemi-Sync®

Weitere Hilfreiche Stützen

Die Erhöhung der Schwingung ist so einfach, wie das Leben aus dem Herzen zu leben!

"Entscheide dich für LIEBE.

"Im Leben haben wir die Wahl zwischen einem Gedanken der **Liebe** oder der **Angst**.

"**Angst** ist die Energie, die sich zusammenzieht, verschließt, einzieht, wegläuft, sich versteckt, hortet, schadet.

„**Liebe** ist die Energie, die sich ausdehnt, sich öffnet, aussendet, bleibt, offenbart, teilt, heilt.

"**Angst** verhüllt unseren Körper in Kleidern, **Liebe** erlaubt es uns, nackt zu sein.
Angst hängt an allem und umklammert alles, was wir haben, **Liebe** gibt alles, was wir haben.
Angst hält fest, **Liebe** hält im Herzen.
Angst klammert, **Liebe** lässt los.
Angst schmerzt, **Liebe** heilt.
Angst greift an, **Liebe** macht wieder gut.

"Jeder menschliche Gedanke, jedes Wort, jede Tat basiert auf der einen oder anderen Emotion. Du hast keine Wahl dabei, weil es nichts anderes gibt, aus dem man wählen könnte. Aber du hast die freie Wahl, welche davon du wählst. "

— *Gespräche mit Gott von Neale Donald Walsh*

Während du deine eigene Schwingung und die Schwingung der Gruppe erhöhst, sei dir bewusst, dass du damit die Welt und das Universum beeinflusst. Stell dir vor, dass dies in diesem großen Maßstab geschieht, wo unsere Gehirnwellen die Schwingung sind, die vom Planeten abgeht, um Wesen mit höherem Bewusstsein zu erreichen und sich mit ihnen zu verbinden.

"In einem Raum voller Streichinstrumente ist nur eine stark schwingende Saite notwendig, um alle anderen in harmonische Resonanz zu versetzen.
Du kannst dieses Experiment in kleinem Maßstab ausprobieren, indem du zwei Gitarren nimmst und sie in einem Raum nebeneinander stellst. Schlag nun die Saite eines beliebigen Tons an der Gitarre an und die andere beginnt ebenfalls zu schwingen, ohne berührt zu werden!"

Quelle unbekannt

2. GRUPPENKOHÄRENZ UND KOHÄSION

Der Kontakt-Erfolg einer Gruppe steht oft im proportionalen Verhältnis zur Gruppenkohärenz und dem Zusammenhalt bei der Teamarbeit.

Kohärenz umfasst geteilte und gemeinsame Werte, Absichten und Ziele.

> Alle in der Gruppe sind sich praktisch darüber einig, was sie tun und warum sie dabei sind. Es gibt keine gemischten Botschaften. ET werden empfänglicher und fähiger sein (auf Schwingungs- und Energie-Ebene) auf Gruppen zu reagieren und mit ihnen zu interagieren, die in ihren Absichten und Botschaften einheitlich sind, und die ihre eigene Frequenz anheben können, indem sie kollektiv ein starkes Gefühl von Frieden, Liebe, Wohlwollen und Freundlichkeit ausstrahlen. Lasst diese guten Schwingungen und Absichten großzügig aus eurer Gruppe in den Kosmos fließen. Die ET werden in der Lage sein, dies aufzugreifen und in gleicher Weise zu antworten.

Kohäsion hat damit zu tun, wie gut ein Team als Einheit zusammenarbeitet.

> Wenn es der Gruppe an Organisation und Ordnung mangelt oder wenn es interne Konflikte und Spannungen gibt, kann die Kontaktaufnahme darunter leiden. Geht davon aus, dass die ET euer Team aus der Ferne scannen, um zu sehen, was los ist. Wenn sie auf Zwietracht, Negativität, Disharmonie oder ein Team stoßen, das schlampig, unbeholfen und unvorbereitet arbeitet, könnten sie zögern, sich zu nähern. Um genau zu sein, könnten sie von einem Schwingungsstandpunkt aus gar nicht einmal in der Lage sein, sich zu nähern. Kontaktgruppen, die gute Teamarbeit, Kooperation, Zusammenarbeit, Integrität und gegenseitigen Respekt zeigen und dabei starke Schwingungen von Liebe, Harmonie, Frieden und Wohlwollen vermitteln, werden sich natürlich über größere Erfolge freuen können. Versucht, ein Team zusammenzustellen und zu pflegen, das so reibungslos und effektiv zusammenarbeitet wie eine glückliche Familie. Es mag Zeit, Geduld und zahlreicher Kontaktausflüge bedürfen, aber es wird am Ende zu tieferen und befriedigenderen Ebenen des Kontakts führen.

Weitere Hilfreiche Stützen

Wie man sowohl Zusammenhalt als auch Kohärenz verbessert:

- Stellt vor der Gruppenarbeit Vorabinfos für Neuankömmlinge bereit. Neue Leute müssen wissen, was sie erwartet. (Gebt ihnen dieses Handbuch!)

- Integriert neue Leute mit einem ehrlichen Gefühl des Willkommenheißens und der Herzlichkeit.

- Wenn ihr eine große Gruppe seid, bittet alle, Namensschilder zu tragen.

- Ihr könntet lustige Kennenlernspiele anbieten, wenn es Neuankömmlinge in der Gruppe gibt.

- Wenn ihr ein CE-5 beginnt, dann nehmt euch zuvor Zeit, um miteinander zu sein, bevor ihr die Augen in den Himmel richtet. (Vor Einbruch der Dunkelheit).

- Stellt euch gegenseitig Fragen, lernt euch kennen und versucht, genauso viel zuzuhören wie zu reden.

- Seid liebevoll und tolerant.

- Lächelt und umarmt euch!

- Brecht gemeinsam das Brot, vor der Feldarbeit oder zwischen den Kontaktveranstaltungen. Abendessen, bei denen jeder etwas mitbringt, haben sehr zu unserem Gruppenzusammenhalt beigetragen.

- Akzeptiert alle Erfahrungen sowie die Wahrnehmung der Realität anderer Menschen, egal, wie verrückt sie auch klingen mögen.

- Versuche, dich ehrlich für sie zu freuen, wenn andere eine Sichtung oder eine interessante Erfahrung erleben, selbst wenn du neidisch bist.

- Macht Gruppenfotos (aber respektiert es, wenn manche ihre Privatsphäre wahren wollen).

- Zu Beginn und am Ende der Feldarbeit haltet euch geschlossen an den Händen; verbindet Eure Energie miteinander. (Bei Kälte oder wenn es viele Mücken gibt kann man das kurz halten.)

- Zieht als Teil eurer Kontaktveranstaltung, je nach Ort, in Betracht, einige 19ocale Sehenswürdigkeiten gemeinsam zu besichtigen. Sorgt für noch mehr Abenteuer!

Diese Leute betrachten gerade "Utsuro-bune," ein japanisches UFO.
Beobachtet 1803, Zeichnung 1843

19

Weitere Hilfreiche Stützen

Gruppenarbeit & Führung

Teamwork ist eine sehr wichtige Komponente des Zusammenhalts. Es scheint, dass ein Anstieg der Sichtungen mit Arbeitsteilung korreliert. Jeder kann in irgendeiner Weise einen Beitrag leisten. Eine effektive Führungskraft zu sein, die dies erleichtert, ist wichtig! Ich muss zugeben, dass ich Führung anfangs einschüchternd fand. Es ist eine gute Möglichkeit zu wachsen.

Mark Koprowski von CE-5 Tokyo ist eine richtungweisende Führungskraft, von der ich mir Notizen mache. Er hat einen wichtigen Beitrag zu diesem Handbuch geleistet und ich schätze seine jahrelange Erfahrung und Weisheit. Hier sind einige seiner Aktionspunkte für Teamarbeit und Zusammenhalt:

- Teile die Arbeit auf und weise dem Team Rollen zu (z. B. Feldkoordinator, Fotograf, Videofilmer, Laserpointer, Salbeistock, Weihrauch, Tonaufnahmegerät, Fernglas, Berater für Himmelsereignisse, Sicherheit vor Ort). Stelle sicher, dass jeder weiß, was er tut, wann er es tut und wie er es tut. Versuche jedem das Gefühl zu geben, ein Teil des Teams zu sein, indem du ihm eine Rolle oder Aufgabe überträgst, egal wie klein. Selbst wenn das bedeutet, dass du 10 Fotografen hast, die nichts weiter als ein iPhone haben, ist das in Ordnung. Du kannst einem Teilnehmer auch mehrere Rollen zuweisen, wenn die Gruppe eher klein ist.

- Um ein Gefühl der Einheit und des Gruppenzusammenhalts zu erhalten, sollte während der Feldarbeit immer nur ein Gespräch gleichzeitig stattfinden. Wenn jemand etwas beizutragen hat, sollte er so laut sprechen, dass alle ihn hören können. Außer in den Pausen sollten Privatgespräche vermieden werden.

- Um die männliche und weibliche Energie auszugleichen, sollten männliche und weibliche Mitglieder abwechselnd im Kontaktkreis sitzen: Mann, Frau, Mann, Frau, usw.

Ich habe eher einen Laissez-faire-Führungsstil. Ich weiß, dass ich daran arbeiten muss, ein wenig bestimmter zu sein. Hier sind die Tipps, die ich auf meinem Weg gesammelt habe:

- Halte die großen Redner sanft im Zaum und ermutige die Stillen. (Stelle sicher, dass du nicht zu den Vielrednern gehörst, die anderen ins Wort fallen! Extrovertierte Führungskräfte haben oft diesen blinden Fleck.)

- Behalte den Willen der Gruppe im Auge und folge ihm.

- Arbeite daran, Selbstvertrauen als Leiter zu gewinnen und stelle dich offen deinen Unsicherheiten, um sie zu überwinden.

- Frage die Menschen, wohin sie gehen und was sie tun wollen.

- Gib Optionen vor: Manchmal sind offene Fragen zu offen.

- Wenn jemand einen Vorschlag macht, probiere ihn aus. Wenn er nicht umsetzbar ist, nimm ihn ein anderes Mal auf.

- Frage, ob jemand eine Meditation auswählen/leiten, die Geräte bedienen oder eine Glocke läuten möchte, usw.

Erinnere die Gruppe daran, dass Teamarbeit ein wichtiger Teil des Zusammenhalts ist, der für erfolgreiche Sichtungen sorgt. Wenn sie Hemmungen haben, teilzunehmen, ist das okay; laste dir einfach nur nicht zu viel auf, um Gefühle der Überforderung oder Verärgerung zu vermeiden. Kein Treffen muss perfekt mit allem Schnickschnack sein – Wachstum und Sichtungen passieren auch mit einem ganz einfachen Programm und ohne Ausrüstung. Als Leiter musst du sicherstellen, dass du Freude daran hast und auf einer hohen Frequenz schwingst, nimm also nur so viel auf dich, wie du mit Freude im Herzen zu schaffen vermagst.

Ein paar Worte zu Drogen, Alkohol & Waffen

Marks Perspektive:

„Vom Gebrauch oder Besitz von Alkohol, Drogen oder Waffen im Rahmen von CE-5 wird allgemein abgeraten. Genauso wie man keine Drogen oder Waffen bei einem hochrangigen diplomatischen Treffen bei der UN mitnehmen oder verwenden würde, würde man sie auch nicht bei einem Zusammentreffen mit interstellaren Gästen mitnehmen oder verwenden. Als Botschafter der Erde muss ein klares Gefühlt für Anstand, gute Manieren, Respekt und grundsätzliche Professionalität beachtet werden, wenn das angestrebte Ziel die Kontaktaufnahme und Kommunikation sein soll. Man muss sich im Klaren sein, dass die ET eure Gruppe aus der Ferne scannen können und sofort wissen, ob jemand betrunken oder berauscht ist oder eine potentielle Bedrohung darstellt. Diejenigen, die „unter dem Einfluss" von Drogen oder Alkohol sind, werden natürlich ein gewisses Maß an Selbstbeherrschung verlieren – körperlich, geistig wie auch emotional – und im Hinblick auf die Sicherheit kann man ziemlich sicher sein, dass die ET nicht näherkommen werden, zumindest nicht allzu nah. Und wenn das Ziel der Kontaktarbeit darin besteht, die erstaunlichen außerirdischen Erfahrungen und Abenteuer Freunden, Familie oder gar der Öffentlichkeit mitzuteilen, wie glaubwürdig klingt es dann wohl, wenn du oder andere zu dem Zeitpunkt betrunken oder berauscht waren? Als planetare Diplomaten sollten wir alles tun, was in unserer Macht steht, um einen positiven, einladenden und sicheren Raum für unsere galaktischen Besucher zu schaffen. Das bedeutet, dass wir bei vollem Bewusstsein, aufmerksam, nüchtern und waffenlos ins Feld gehen. Und aus einer rein schwingungstechnischen Sicht bringen Drogen mit großer Wahrscheinlichkeit dein Energiefeld durcheinander und senken deine Frequenz, und dies könnte dich zum Ziel von negativen oder eigennützigen Wesen machen. Das ist ein Grund, warum James Gilliland Drogen jeglicher Art auf seiner Ranch verbietet."

Ich stimme mit Mark überein. Wir hatten noch nie jemanden in unserer Gruppe, der während des Kontakts Rauschmittel zu sich nimmt. (Soweit ich weiß!) Ich kann mir nicht vorstellen, dass es in irgendeiner spirituellen oder wissenschaftlichen Angelegenheit hilfreich wäre. Eine Ausnahme wäre vielleicht, wenn du eine Substanz auf eine heilige Art und Weise verwendest, als Medizin, und/oder es unter der Anleitung eines Schamanen gemacht wird. Als ein tendenzieller Anarchist sage ich: „*Chacun son gout*". („Jeder nach seinem Geschmack" à la High-School-Französisch.) Im Experiment deines eigenen Lebens wirst du selbst herausfinden, ob Rauschmittel zur Kontaktaufnahme oder Bewusstseinserweiterung hilfreich oder hinderlich sind. Als Gruppenleiter kannst du entscheiden, ob du es erlaubst oder nicht. Was Waffen angeht, ist Kanada vergleichsweise quasi frei von Waffen, ich kann mir also gar nicht vorstellen, dass jemand eine Waffe zu einem CE-5 mitbringen würde!

Auch in deutschprachigen Ländern besteht dieses Problem eher nicht, es dürfte also leicht fallen, ein waffenfreies CE-5 durchzuführen!

3. GLAUBEN = SEHEN

Ein großes Hindernis bei Sichtungen ist unsere Abhängigkeit von physischen Beweisen. Verschiedene Quellen sagen uns immer wieder, dass wir unsere eigene Realität erschaffen und dass sich unsere innere Welt transformieren muss, bevor wir äußere Ergebnisse sehen. UFO-Sichtungen sind ein perfektes Beispiel dafür. Meistens ist der Grad des Glaubens damit verbunden, wie viele „Beweise" eine Person erhält. Es ist ein lustiges Lebensparadoxon. Alles fließt einem zu, wenn man es nicht einmal mehr braucht. Ha ha. Lustig, was?

Ein Glaube ist einfach ein Gedanke, den du immer wieder hast. Versuche es mit den folgenden:

- Es könnte möglich sein
- Die Welt/Wirklichkeit/das Ich könnte viel mehr sein als das, was uns beigebracht wurde.
- Wir entwickeln uns weiter und die Zukunft ist unbekannt.
- Andere haben UFOs gesehen.
- Ich könnte ein UFO sehen.

Ihr werdet vielleicht von der einen oder anderen Person hören, die eine große Sichtung hatte, aber immer noch sehr skeptisch ist. Ihre Rolle als skeptischer Zeuge hat ihren eigenen einzigartigen Zweck im Aufdeckungsprozess.

Ein anderes Szenario ist, dass Menschen manchmal mit einer verblüffenden Begegnung eingeweiht werden, die bewusst so gestaltet ist, sie in diese Richtung zu bewegen. Das kann sehr frustrierend sein, wenn sie noch nicht bereit sind, Kommunikationen beständig zu empfangen. Sie müssen sich dann dem Rest von uns anschließen, während wir unsere Schwingung erhöhen und die grundlegende Arbeit leisten, das starre Festhalten an der konventionellen Realität und unseren begrenzten Vorstellung über uns selbst loszulassen.

Wenn du skeptisch bist und damit experimentieren willst, könntest du dich gut mit ein paar Menschen zusammentun, die so tief im Glauben verwurzelt sind, dass du ihren Verstand in Frage stellst. Pflege deine Beziehung zu ihnen: Sie sind ein Magnet für Sichtungen. Bleibe wissenschaftlich, aber lass es dir nicht entgehen, diese liebenswerten und wunderbaren Menschen bei dir zu haben. Zudem ist Toleranz gegenüber anderen Paradigmen gut für dein Wachstum. Bleibe im Umgang mit ihnen deinem eigenen Paradigma treu und vertraue deinem eigenen Urteil.

"Mir fallen hier einige verrückte Dinge auf. Muss ich an Chakren, Strudel oder Kristalle glauben? Ich möchte an UFOs glauben, nicht an New-Age-Kram."
Natürlich musst du keine Batiksachen tragen oder Mantras singen, um dein Bewusstsein zu erweitern/ Sichtungen zu haben. Wenn du eher wissenschaftlich orientiert bist, dann sei allerdings gewarnt, dass einiges in diesem Handbuch bei dir keinen Anklang finden wird. Die CE-5-Welt ist von Natur aus spirituell ausgerichtet. Nimm an, was dir zusagt und verwirf den Rest. Denke daran, dass ein von Menschen eingeleiteter ET-Kontakt drei Säulen hat: 1. Verbindung zum Ein-Geist-Bewusstsein, 2. Ein ehrliches Herz, und 3. Klare Intention.

"Der Tag, an dem ich aufhöre, Zweifel zu haben, ist der Tag, an dem ich gefährlich werde."
— Neale Donald Walsch

„Die Wahrheit ist stets nur eine Tochter der Zeit."
— Leonard Da Vinci

> Tipp: Während einer CE-5 Geschichten auszutauschen ist ein tolles Werkzeug zur Verfestigung des Glaubens. Es versetzt auch in die richtige geistige Einstellung für einen Kontakt. Entsprechend des ursprünglichen CE-5-Protokolls Getreidekreiseklänge vor dem Treffen abzuspielen ist ebenfalls hilfreich und erinnert uns daran, das es da draußen viele unerklärte Phänomene gibt, die von vielen beobachtet und zur Untersuchung aufgezeichnet wurden. Du kannst die Klänge auf der ET Contact Tool App oder auf YouTube finden (was du dann in mp3 umwandeln kannst: https://ytmp3.com/).

23

UFO FORMATIONEN	UFO MANÖVER

KAPITEL 2:

Wesentliches/
Anleitungen/
Und los geht's

MIT ANDEREN VERBINDEN

Da du jetzt die notwendigen Zutaten für einen Kontakt kennst, bist du bereit, loszulegen.

Du kannst ein CE-5 alleine oder in einer Gruppe machen. Die Gruppengröße variiert stark: Die meisten auf der Welt, die sich regelmäßig treffen, sind normalerweise zwischen 1 bis 10 Teilnehmer stark. Wir haben 30 Teilnehmer auf unserer E-Mail-Liste, von denen dann jeweils etwa 7 bis 9 zum CE-5 kommen. Bei besonderen Anlässen, wie etwa wenn ein besonderer Gast von außerhalb zu Besuch ist, bekommen wir auch 30 bis 40 zusammen. Ich habe aber auch schon an einem CE-5-Vortrag teilgenommen, der zu Sichtungen führte und bei dem die Gruppengröße etwa 500 betrug. Also, jede Zahl ist möglich.

Es gibt viele begeisterte Menschen da draußen, die sich gerne mit dir verbinden würden. Manche Menschen fühlen sich sehr isoliert und können es kaum erwarten, dich zu treffen und dir alles darüber zu erzählen, wie sie zu ihrer derzeitigen Weltsicht gelangt sind. Es ist inspirierend, sich mit Gleichgesinnten und Herzensverwandten zu treffen, in einer Welt, die so vielfältig ist wie die heutige!

Skeptische Menschen können eine wunderbare Ergänzung sein. Ein wahrer Wissenschaftler ist skeptisch **UND** aufgeschlossen. Ein echter Skeptiker ist skeptisch gegenüber allem, einschließlich seiner oder ihrer Wahrnehmung der Realität. Er oder sie bleibt dem wissenschaftlichen Verfahren treu und ist bereit, alte Paradigmen zu verwerfen, wenn es angemessen ist.

Menschen, von denen du denkst, dass sie völlig ins Märchenland abgedriftet sind, treiben dich vielleicht in den Wahnsinn. Akzeptiere, dass es möglich ist, dass sie recht haben könnten und tue nie die Perspektiven oder Überzeugungen anderer ab. Selbst wenn du zu 99,9% sicher bist, dass sie den Bezug zur schlussendlichen Realität verloren haben, haben sie absolut einen Bezug zu der ihren. Jeder hat ein Recht auf seine eigene Realität.

Wenn jemand GROSSE Angst vor ET hat oder EXTREM skeptisch ist, muss er oder sie noch etwas daran arbeiten, bevor du ihn oder sie zu besonderen Ausflügen mit der Gruppe mitkommen lässt. Bei uns hat noch nie jemand versucht, der Gruppe beizutreten, der sich extrem gegen CE-5 gesträubt hat. Wir haben festgestellt, dass eine oder zwei negativ geneigte Personen sich nicht unbedingt störend darauf auswirken, dass der Rest der Gruppe eine gute Erfahrung macht. Leute werden individuelle Sichtungen erleben oder Sichtungen, die nur für ein paar wenige bestimmt sind. Es ist jedoch wichtig, dass der Rest der Gruppe schwingungsmäßig stark genug ist, um ein paar negative Schwingungen zu übertönen. Unsere besten Nächte waren wie Partys – solange du mehr „Party-Löwen" als "Partymuffel" hast, geht es in Ordnung. Wenn du als Gruppenleiter deine eigene Energie im Angesicht von Missmut oder Urteilen nicht aufrechterhalten kannst, musst du Negatronen ausschließen, bis du niedrigere Schwingungen effektiv ignorieren kannst. Segne diese Menschen. Oft wollen diese Menschen insgeheim so sehr, dass dieses Phänomen real ist, dass sie es nicht riskieren können, sich zu öffnen. Die Aussicht, getäuscht zu werden und/oder ihre Hoffnungen zerstört zu bekommen ist furchteinflößend.

Versuche, niemanden auszuschließen, soweit du kannst. Inklusion hilft ihnen und dir. Wenn du sehr darauf aus bist, stellare Sichtungen mit einer hoch kohärenten Kerngruppe zu haben, mache daraus eine spezielle Exkursion nur mit geladenen Teilnehmern, damit sich niemand bei den grundsätzlichen monatlichen Gruppentreffen ausgeschlossen fühlt.

SO FINDEST DU LEUTE

ETLet'sTalk
- Gehe auf http://www.etletstalk.com und klicke "Sign In/Sign Up".
- Klicke auf der linken Seite "Mitglieder" und wähle "Erweiterte Suche".
- Gib unter "Standort" den Namen deiner Stadt ein und wähle "Filter".
- Kontaktiere die Personen in deiner Stadt, um Kontaktinformationen zu sammeln.

ET-Kontaktnetzwerkkarte
- Gehe auf http://www.etcontactnetwork.com
- Registriere dich, um Zugriff auf die Karte zu erhalten
- Klicke auf der Karte auf das entsprechende Symbol für Namen, E-Mail, ...

Facebook
- Suche nach "CE-5" und <deine Stadt>, zum Beispiel ist unsere Gruppe "CE-5 Calgary"

Tritt einer globalen CE-5-Gruppe bei, von denen es mehrere gibt. Auf diesen Facebook-Seiten kannst du Beiträge schreiben und nach Leuten in deiner Gegend suchen:
- The CE-5 Initiative
  https://www.facebook.com/groups/205824492783376/
- CE-5, UFO, SIRIUS: ETLetsTalk.com
  https://www.facebook.com/groups/1593375944256413/
- CE-5 Universal Global Mission
  https://www.facebook.com/groups/1827858540868714/

- Starte ganz einfach eine eigene Facebook-Gruppe! Wir stellen die Privatsphäre unserer Gruppe auf "geschlossen", so dass die Allgemeinheit nicht sehen kann, was gepostet wird. Dann können Postings nur von zugelassenen Gruppenmitgliedern gesehen werden.

MeetUp
Erstelle oder finde eine Gruppe auf http://meetup.com, was eine großartige Möglichkeit zum Netzwerken ist. Nein, es ist keine Dating-Site.

WhatsApp
CSETI Indien hat einen besonders ausgelassenen WhatsApp-Chat laufen: +91 9874447669.

5D-Movement
In Europa (und auch sonst überall) kannst du auf der kostenlosen sozialen Plattform 5D-Movement unter https://www5d-movement.com in der „CE-5 Basisgruppe D-A-CH" netzwerken und dich mit anderen zur Meditation treffen.

Der analoge Weg
Gehe in dein örtliches Kristall-/New-Age-Geschäft und sprich mit den Leuten, hänge einen Aushang auf oder hinterlasse einen Flyer. Oder schaue, ob jemand im Astronomie-Club interessiert ist. Dr. J. Allen Hynek, Astronom und UFO-Forscher, fand in einer informellen Studie unter seinen Kollegen heraus, dass etwa 10% der Astronomen etwas am Himmel gesehen haben, das sie nicht erklären können, das sie aber aus Angst vor Diffamierung für sich behalten. Vielleicht kannst du einige dieser Leute finden!

RETREATS

Der Besuch eines Retreats an einem UFO-Hotspot hat unsere heimische Erfahrung als Gruppe nach unserer Rückkehr in neue Höhen katapultiert. Es lohnt sich ein Urlaub, um neue Freunde zu treffen, den Geist zu erweitern, UFOs zu sehen und einen neuen Ort zu besuchen! Zu den Standorten gehören Orte wie: Mt. Shasta in Nordkalifornien, Joshua Tree in Südkalifornien, Mt. Adams im Staat Washington, Japan, Neuseeland.

- ET Let's Talk – gehe auf http://etletstalk.com/ und klicke "Events", um zu sehen, ob es irgendwelche bevorstehenden Retreats gibt.

- Sirius Disclosure – gehe auf https://www.siriusdisclosure.com und trage dich in die E-Mail-Liste ein.

- ECETI – gehe auf http://www.eceti.org und bitte um eine private Einladung von James Gilliland, "The Ranch" zu besuchen.

- Lyssa Royal Holt – gehe auf http://www.lyssaroyal.net/-schedule.html, um kommende Retreats zu sehen; jährlich gibt es eines in Japan im Sommer.

- Rahma – gehe auf http://www.sixtopazwells.com. Du brauchst ein Grundverständnis der spanischen Sprache.

- Rahma in LA – gehe auf die Facebook-Seite "Mission Rahma" oder frage dich durch die Mundpropaganda in LA.

- Gene Ang – gehe auf http://www.geneang.com/www.geneang.com/Events.html, um Veranstaltungen zu sehen.

- CE-5 Aotearoa – gehe auf https://www.ce5.nz, um dich in die E-Mail-Liste einzutragen.

- JCETI –gehe auf http://www.jceti.org/ (für japanischsprachige Teilnehmer) oder http://www.ce5-japan.com (für englischsprachige Teilnehmer), um kommende Veranstaltungen zu sehen.

Alternativ dazu kann man, anstatt zu einem offiziellen Retreat zu gehen, mit Gruppen in der Urlaubsregion Kontakt aufnehmen und an einem ihrer bevorstehenden CE-5s teilnehmen.

https://clipartxtras.com/

FÜHREN EINER GRUPPE

Das ist vielleicht die aufregendste Zeit in der Menschheitsgeschichte. Welche Rolle willst du darin spielen?

Es braucht nicht viel zeitliches Engagement, um regelmäßige, monatliche Treffen abzuhalten. Ein Abend = 3 bis 6 Stunden. Alle per E-Mail einzuladen, würde vielleicht ein oder zwei Stunden im Monat ausmachen, die Beantwortung einzelner E-Mails eingeschlossen. Einige Dinge, die für den Anfang notwendig sind, erfordern hier und da aber doch ein paar Stunden mehr, z. B. die Suche nach aktiven Mitmenschen oder die Auswahl der Ausrüstung, wie z. B. die Suche nach dem richtigen Stuhl. Dein zeitliches Invest ist optional und dient dir auch im Ganzen, wie Bücher lesen, sich Zeit nehmen zu meditieren, Retreats besuchen, neue Ausrüstung ausprobieren usw. Wenn alles läuft, fallen etwa 5-8 Stunden monatlicher Zeitaufwand für die Organisation deiner Gruppe an, das ist etwa 1% deiner Wach-Stunden im Monat.

In unserer Gruppe halten wir das ganze Jahr über monatliche Treffen ab. Oben in Kanada haben wir einige kalte Winter, wenn es also unter minus zehn Grad Celsius fällt, veranstalten wir Treffen, bei denen jeder etwas zu essen mitbringt, und machen Indoor-Meditationen, um den Zusammenhalt der Gruppe zu festigen und unser sehr wichtiges inneres Wachstum stetig fortzusetzen. Ich verschicke E-Mail-Einladungen eine Woche vor den Veranstaltungen, und nach einer Veranstaltung schicke ich manchmal einen kleinen Bericht mit einem *Save-the-date*-Hinweis für die nächste Veranstaltung.

Ihr könnt ein beliebiges Datum für eure CE-5-Veranstaltung wählen. Die meisten stimmen ihre CE-5-Abende aber mit einem der beiden globalen Netzwerke ab:

- Sirius Disclosure – gehe auf https://www.siriusdisclosure.com und scrolle nach unten, um dich für den Newsletter anzumelden. Sie sind immer am ersten Samstag des Monats aktiv, leicht zu merken und zu planen.

- ETLet'sTalk – gehe auf https://etletstalk.com/ und gehe zu den Events, um zu sehen, welche Termine anstehen, oder lass dich auf die E-Mail-Liste setzen, indem du Kosta eine E-Mail an kosta@etletstalk.com schickst. Diese Termine sind immer der Samstag, der dem Neumond am nächsten liegt, um von dem dunklen Himmel zu profitieren. Wir stimmen unsere monatlichen Treffen auf den ETLet'sTalk-Zeitplan ab, weil wir es vorziehen, den Himmel so dunkel wie möglich zu haben.

AUSWAHL DES STANDORTES

CE-5 kann in Innenräumen, im Garten, einem nahegelegenen Park oder abgelegenen Ort durchgeführt werden. Wir haben positive interne und externe Ergbenisse an all diesen Orten gehabt. Menschen in unserer Stadt haben von Kugeln berichtet, die aus ihren Hinterhöfen schwebten, von UFOs am Tage über dem Verkehr und von einem dreifarbigen Licht von der Größe eines Lastwagens, das durch die Stadtviertel hüpfte. Es ist nicht wirklich wichtig, wo man CE-5 macht; wenn du bereit bist, dann werden sie zu dir kommen.

Allerdings werden an abgelegenen Orten tendenziell mehr Sichtungen gemacht. Zu den Vorteilen gehört auch, dass es dunkler und der Himmel atemberaubend ist und dass man von Stille, Natur und Frieden umgeben ist, dass man weiter von menschlichen Flugrouten entfernt ist und man unbeschwert laut sein kann, wenn man bei einer Sichtung in Jubel und Begeisterung ausbricht. (Ich bin sicher, ET lieben es, unsere Freude zu vernehmen!) Wenn du den Standort absteckst, versuche dich von Stromleitungen, Mobilfunkmasten, Windrädern oder anderen Quellen fernzuhalten, die eure elektrischen Geräte oder sich nähernde ET-Raumschiffe stören könnten.

Du kannst auch prüfen, ob es in der Gegend Ley-Linien, Wirbel oder heilige Orte gibt. Wir können nicht mit Sicherheit sagen, ob der Aufenthalt an solchen Orten zu erkennbaren Unterschieden bei den Sichtungen führt oder nicht. Es kann gut sein, dass alleine die positive Energie und Begeisterung bei der Planung und der Anreise zu guten Ergebnissen führt. Wir haben hier das Glück, dass sich nur ein paar Stunden entfernt ein großer Becker-Hagens-Netzknoten befindet – in Nordamerika gibt es nicht viele auf dem Festland. Doch genau an diesem abgelegenen CE-5-Standort gab es einige sehr interessante anomale Naturphänomene, und außerdem haben wir dort viel mehr energetische Lichter und Kugeln mit der Kamera eingefangen als an jedem anderen Ort.

Auswahl des Standortes

Flammarion, Unbekannter Künstler, 1888

DEIN ERSTES CE-5

Du ziehst also alleine los oder hast eine Gruppe gefunden! Wunderbar! Hier ein kurzer Wegweiser, wie es nun ablaufen kann. Denk daran, dass dies nur ein Leitfaden ist. Wenn du weißt, was du tun willst, dann tu es einfach!

- Lege ein Datum und Uhrzeit fest.
- Erstelle einen lockeren Plan, was während des CE-5s gemacht wird.
- Verschicke Einladungen mit der Bitte um Rückmeldung.
- Erinnere alle daran, wirklich warme Kleidung, Schlafsack, Stuhl und Taschenlampe mitzunehmen.
- Veranstalte in den Tagen vor der Veranstaltung 1 bis 3 Meditationssitzungen, entweder in einer Gruppe, die physisch zusammen ist, oder aus der Ferne zu synchronen Zeiten. Die Meditation kann auch jederzeit individuell durchgeführt werden, wenn dies bequemer ist. Legt während dieser Meditationen persönliche sowie Gruppenintentionen für das CE-5 fest.
- Trefft euch am Tag des CE-5, um gemeinsam zu fahren oder trefft euch am festgelegten Veranstaltungsort.
- Am Ziel angekommen, stellt die Stühle bei freier Himmelssicht in einem nach innen gerichteten Kreis auf. Ist ein Teil des Himmels bedeckt oder steht ein Berg bzw. Bäume im Weg, so bildet einen Halbkreis mit Sicht auf den freien Himmel.
- Geht die Tagesordnung durch, ggf. hat jemand Wünsche, Ergänzungen oder Änderungen. Gestaltet das Event im Verlauf gemeinsam – es muss nicht perfekt sein!
- Schafft in der Gruppe eine klare Intention.
- Führt eine Meditation bei geschlossenen Augen durch, um mit dem Ein-Geist-Bewusstsein in Kontakt zu kommen.
- Macht weiter in der Tagesordnung und passt sie an, wie es notwendig ist. (Ideen hierzu finden sich im Abschnitt "Muster für CE5-Programme").
- Ermutige die Gruppenmitglieder, etwas zu sagen, wenn sie etwas sehen oder erleben – oft scheuen sich Menschen zu sagen, dass sie etwas gesehen haben, weil sie selbst kaum glauben können, dass sie es gesehen haben. Motiviere die Leute, sich zu melden, auch wenn sie sich nicht sicher sind; tatsächlich könnte es ja sogar sein, dass jemand anderes dasselbe gesehen oder erlebt hat! Dann kann die Gruppe gezielt diesen Teil des Himmels beobachten, um zu sehen, ob sich dort noch etwas ereignen wird.
- Achte auf den Willen der Gruppe und die Stimmung – ist allen warm genug, sind sie immer noch engagiert und glücklich?
- Behalte eine Einstellung der Dankbarkeit für die Erfahrung und das Wachstum, auch wenn dir nichts bewusst ist, das passiert ist oder du nichts gesehen hast. Unseren Erfahrungen nach glauben wir, dass es ET gibt, auch wenn du sie nicht wahrnehmen kannst, und dass sie dein Wachstum freudig erwarten!
- Denkt beim Abschluss der Sitzung daran, um Besuche im Traumzustand zu bitten und auch um Wachstum und vermehrte Sichtungen, die sich in den kommenden Tagen oder sogar schon auf der Heimreise ereignen können.
- Nach dem CE-5 könnt ihr einen Bericht an die größere Gruppe schicken und, wenn ihr wollt, einen Bericht auf einer oder mehreren der Netzwerkseiten hochladen (Facebook, ETLet'sTalk, 5D-Movement).

Wir glauben, dass du, wenn du dich treu an die drei oben erwähnten Säulen (1. Verbindung zum Ein-Geist-Bewusstsein, 2. ein aufrichtiges Herz, 3. klare Intention) hältst, innerhalb von sechs CE-5s eine Sichtung bekommen wirst.

Dein erstes CE-5

Packliste

- Stuhl, Decke, Kissen …
- Schlafsack
- Meditationen (Diese können auf einem Handy mit Lautsprecher sein, in einem Buch oder du könntest dieses Handbuch mitnehmen, oder ihr könnt euch selbst welche ausdenken.)
- Taschenlampe
- Laserpointer (Wenn rechtlich erlaubt, und bitte unbedingt den Abschnitt über Laserpointer lesen!)
- Handschuhe, Mütze, Wintermantel, etc.

Für längere oder weiter entfernte CE-5s sollte Folgendes dabei sein:

- Verpflegung, Wasser, ggf. Medikamente
- Toilettenpapier und Hygiene-Artikel

33

ORIENTIERUNG

Mit der Himmels-Navigation vertraut zu werden hilft uns, einander Sichtungen am Himmel zu beschreiben. Anstatt *"Hey, da drüben ist was!"* zu sagen und mit unsichtbarem Finger in die Dunkelheit zu „zeigen", können wir sagen: *"Schau südlich des Griffs des Großen Wagens"* oder *"Nord-Nordost – 30 Grad über dem Horizont."* Vielen Dank an unseren anonymen Mitwirkenden für diese elegante Einführung in die Astronomie:

Wenn ihr den Einsatzort erreicht habt, besprecht euch über die Himmelsrichtungen (Kompass) sowie die grundlegenden Maßsysteme und die Lage einiger Sternbilder, Sterne und Planeten, so dass sie für jeden geklärt sind.

- Zeige den Norden, Osten, Süden, Westen sowie den Zenit (nach oben verlängerte Lotrichtung zum Standort). Ordne möglichst jedem Punkt einen Referenz-Marker zu. Gibt es gar nichts, so mache aus einem Mitglied im Kreis einen „Marker".
- Schätze die "horizontalen Koordinaten" der Himmelskörper mit Hilfe des astronomischen Koordinatensystems von "Höhe und Azimut".
- Die "Höhe" misst den Winkel der augenscheinlichen Elevation (gekrümmte Höhe) eines Objekts im Himmelsgewölbe (Kuppel), relativ zum Beobachter (Gruppe).
- „0°" bezieht sich auf den Horizont einer planen Ebene. „90°" bezieht sich auf den Zenit. Die Hälfte vom Horizont bis zum Zenit am Himmel wären dann 45°, ein Drittel 30°, zwei Drittel 60°, usw.
- Bei vielen Menschen entspricht die Faust am Ende eines gestreckten Arms einem Raum von etwa 10°, oder der Abstand vom Daumen zum kleinen Finger einer gespreizten Hand beträgt ca. 20°.Experimentiert mit diesen Schätzungen zur Höhenorientierung, um zu sehen, ob sie euch helfen können. Man kann sich die Höhe aber auch aus einer App oder aus Kartenmaterial ersuchen.
- Der "Azimut" misst die Himmelsrichtungen (Norden, Osten, Süden und Westen) auf einer Skala von 0 bis 360 Grad. Die einfache Richtungsangabe "Nord-Nordost" sollte jedoch ausreichend sein.
- Auch die Helligkeit von Himmelskörpern ist wichtig, sie wird mit Hilfe des astronomischen Systems der "scheinbaren Helligkeit" bestimmt.
- Die "Magnitude" oder Leuchtkraft von Sternen wurde erstmals von den alten Griechen in einer Skala von eins (hellste) bis sechs (schwächste) erfasst.
- Im 19. Jahrhundert legten moderne Astronomen das System formell auf einer logarithmischen Skala fest, erweiterten die Skala unter 1 und über 6 und setzten Wega als ihren Nullpunkt. (Wega ist der fünfthellste Stern am Himmel, der nahezu ganzjährig in der nördlichen Hemisphäre sichtbar ist).
- Das Wort "scheinbar" wurde hinzugefügt, weil man bereits damals erkannte, dass die Helligkeit mehr von der Entfernung des Sternes abhängt als von den Eigenschaften des Sterns selbst. Eine separate Maßeinheit, die "absolute Magnitude", gibt die Leuchtkraft eines Sterns an, wenn er aus einer Standarddistanz beobachtet wird.

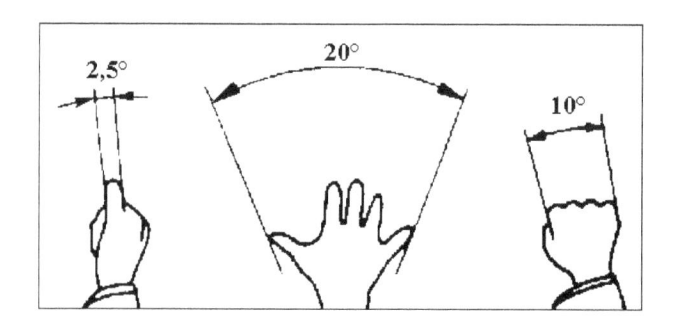

Beispiele für „scheinbare Helligkeit"

-5 Venus (max)
-3 Mars (max), Jupiter (max), Venus (min)
-2 Jupiter (min)
-1 Sirius
0 Arcturus, Capella, Procyon, Rigel, Saturn, Wega, Merkur (max)
1 Aldebaran, Altair, Antares, Betelgeuse, Deneb, Fomalhaut, Pollux, Regulus, Spica
2 Mars (min), Polarstern
3 Andromeda-Galaxie
4 Chi Orionis
5 Mu Cassiopeiae, Xi Boötis
6 Merkur (min)

Werft einen kurzen Blick auf die bekanntesten Sternbilder, Sterne und Planeten. Wenn du dich gar nicht auskennst, ziehe eine App oder Karte zu Rate, am besten einen oder zwei Abende vorher. Ziehe in Erwägung, einen wöchentlichen Podcast zur Sternenbeobachtung zu abonnieren oder das lokale Planetarium oder einen Astronomieverein zu besuchen. Unter http://www.skymaps.com könnt ihr jeden Monat kostenlos Sternkarten downloaden und an die Gruppe verteilen. Ihr könntet überrascht sein, wie schnell euch diese Muster am Sternenhimmel vertraut sein werden.

Virgo, Una Scott, Copyright 2017

TAGEBUCH FÜHREN

Wenn du willlst, kannst du während oder nach dem CE-5 ein Logbuch führen oder ein Protokoll verfassen. Das menschliche Gedächtnis ist ziemlich schwach und es macht Sinn festzuhalten, wer genau was gesehen hat, bevor die Erinnerung daran verblasst oder verzerrt wird. Es ist auch toll, Tendenzen von Ereignissen und Sichtungen zu sehen, während sie zunehmen. Wenn dieZeit es zulässt, halten manche Gruppen sofort nach dem CE-5 (oder am nächsten Tag) eine Nachbesprechung ab, um die Feldarbeit zu besprechen und das Erlebte, so lange es noch frisch im Kopf ist, mit den anderen zu teilen. Es ist keine schlechte Idee, das Treffen digital aufzuzeichnen und später eine Zusammenfassung zu schreiben und zum Log hinzuzufügen.

Wir halten unsere Protokolle recht zwanglos. Wir schreiben einige oder alle der folgenden Punkte auf:

- Datum
- Uhrzeit
- Wer hat was gesehen
- Wo war es
- Beschreibung dessen, was es war

Manchmal protokollieren wir nur die Highlights. Wenn man jeden vermeintlichen Satelliten oder Lichteffekt protokolliert, könnte man davon in einer sehr aktiven Nacht schnell die Nase voll haben. Andererseits könnte es erkenntnisreich sein, sie später alle zu zählen.

Wenn du Papier verwendest, kannst du dir einen "Pilotenstift" mit einem roten Licht am Ende für ca. 5 Euro kaufen, z. B. über Amazon, was eine praktische, nicht störende Lichtquelle für die Verwendung im Dunkeln ist.

Alternativ kann man im Smartphone schreiben und einen Rotfilter setzen, um nicht geblendet zu werden und das Sehvermögen im Dunkeln zu bewahren. Wer ein iPhone hat, folge diesem Link zur Anleitung: https://www.skyandtelescope.com/observing/stargazers-corner/red-light-filter-for-iphone/. Android-Nutzer können sich die App "Twilight" herunterladen.

Ein handliches digitales Diktiergerät würde auch funktionieren. Olympus stellt einige kleine her, die beliebt sind.

AUSRÜSTUNG

Stuhl oder eine Decke & Kissen

Bring etwas zum darauf Sitzen mit. Mein Lieblingsstuhl ist ein halbhoher, faltbarer Strandstuhl, der sich zurücklehnen lässt, so dass man ganz entspannt das Himmelspanorama im Blick hat. Sie sind leicht und es gibt Modelle, die Rucksackgurte und Reißverschlussfächer für die Ausrüstung haben. So praktisch! Andere in unserer Gruppe verwenden "Zero-Gravity"-Stühle, die noch bequemer sind und ewig halten, dafür sind sie aber schwerer. Auch ein ganz normaler Garten- oder Campingstuhl funktioniert hervorragend, genauso wie eine einfache Decke.

Schlafsack

Schlafsäcke sind viel wärmer als eine Decke. Selbst an heißen Tagen im Sommer kann die Temperatur in der Nacht stark abfallen. Denkt auch daran, dass es im Sitzen/Liegen deutlich kälter wird, als man normalerweise empfinden würde. Wir lieben es, uns so gemütlich in den Schlafsack zu kuscheln, dass wir einschlafen könnten.

Warme Klamotten

Kleidet euch mit eurer Winterausrüstung: schwere, isolierte Oberbekleidung wie z. B. eine warme Daunenjacke (ohne Tierausbeutung), Schneehose, lange Unterhosen oder Leggings unter der Hose, gerätefreundliche Handschuhe/Fäustlinge, Wollmütze, etc.

Taschenlampe

Um die Hände frei zu haben ist eine Stirnlampe praktisch. Ansonsten benutzt zur Orientierung eine Taschenlampe oder das Handy. Anzuraten sind Rotlicht-Lampen, die auch Astronomen während ihrer Sternenbeobachtungen verwenden, damit das natürliche Nachtsichtvermögen erhalten bleibt.

Mücken-Abwehr

ET scheinen auf Moskitos keinen großen Einfluss zu haben, was einen CE-5 ruinieren kann. Lasst euch die Stimmung nicht versauen und denkt daran, ein natürliches oder anderes Mückenschutzmittel mitzunehmen, und alles wird gut.

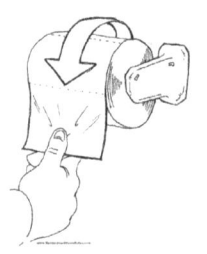

Toilettenpapier

Für Bio-Pausen während abgelegener CE-5s.

Instrumente

Klangschalen, Didgeridoos, Glocken, Glockenspiele, etc.

Sakrale Utensilien

Kristalle oder andere persönliche Gegenstände von Bedeutung. Man kann diese z. B. auf einem Tisch in der Mitte des Kreises platzieren.

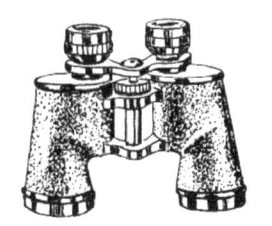

Ferngläser

Zum besseren Beobachten sich nähernder UFOs nehmt ein leichtes Fernglas mit, schwere Ferngläser befestigt am besten auf einem Stativ. Ein Fernglas mit Bildstabilisator (IS) wäre ebenfalls eine gute Wahl, kostet aber mehr.

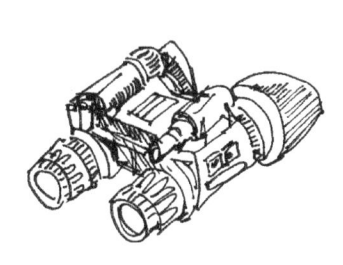

Nachtsicht-Ferngläser/Brillen/Monokulare

Kein "Must-Have", aber auf der Wunschliste von fast jedem, denn damit kann man Kugeln und andere Phänomene viel besser sehen. Ein Freund von mir, der diese benutzte, sah ein kleines geflügeltes Wesen auf sich zufliegen, woraufhin er schrie: "Ich habe gerade eine f*#@ing Fee gesehen!" (Der Anstand hat im Feld oft Aussetzer, wenn die eigene Realität gesprengt wird.) Die besten entsprechen dem militärischen Qualitätsstandard, also "Gen 3", kosten aber viele tausend Dollar. Digitale Varianten sind da meist günstiger. Sucht euch leichte Nachtsichtbrillen aus und überlegt, ob es praktisch ist, eine Brille oder ein Gerät mit einem Band am Kopf zu tragen. Viele Nachtsichtgeräte haben Foto-/Videofunktionen, dazu aber mehr im kommenden Abschnitt zu Nachtsicht-Videokameras.

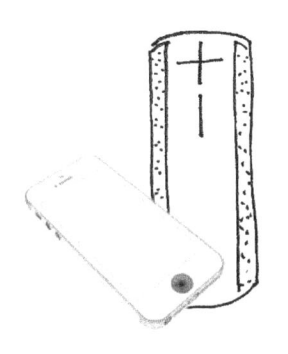

Gerät und Lautsprecher zum Abspielen von Meditationen/Kornkreistönen/Liedern

Wir verwenden unsere Telefone, um Tondateien abzuspielen. Man kann aber auch einen beliebigen mp3-Player verwenden. Ich habe einen Lautsprecher, den *Boom 2*, der fantastisch ist und auch fantastisch teuer (300 $). Für mich hat es sich gelohnt ihn zu kaufen, er gehört zu meinen liebsten Habseligkeiten. Für Meditationen, Lieder usw. gibt es die einfache Möglichkeit, sie auf YouTube zu finden, die URL zu kopieren und dann auf eine von vielen Websites zu gehen, die eine Konvertierung von YouTube auf mp3-Format anbieten. Die neue mp3-Datei einfach auf den Computer laden und dann auf das Telefon oder einen mp3-Player übertragen.

BENUTZE KEINEN LASERPOINTER

(Solange du diese Seite nicht sehr aufmerksam gelesen hast...)

Laserpointer sind nützlich und machen Spaß, aber sie können auch sehr gefährlich sein. Ihr MÜSST extrem vorsichtig sein! Vorübergehende oder dauerhafte Augenschäden sind eine reale Gefahr. Ihr habt drei Möglichkeiten:

1. Beauftragt nur ein oder zwei Leute, die erfahren und extrem vorsichtig sind, mit der Verwendung von starken Lasern (> 5 mW). Diese Option ist **gerade noch** empfehlenswert, denn selbst ein Experte, dem die Gefahren durch Laserpointer bekannt sind, kann einen Fehler machen.

2. Erlaubt die Verwendung von leistungsstarken Lasern mit geeigneten Schutzbrillen für jeden aus der Gruppe. (Kann die Fähigkeit Sterne/Lichter in der Dunkelheit zu sehen beeinträchtigen. Wir haben es nicht ausprobiert.) Oft werden tragbare Laser mit Schutzbrillen ausgeliefert, die aber zu dunkel sind. Siehe unten.

3. Die einfachste Möglichkeit besteht darin, es zur Gruppenregel zu machen, dass nur Laser mit weniger als 5mW (mW = Milliwatt) Leistung benutzt werden und auf eine Brille verzichtet werden kann. Ein Laser, bei dem du sicher bist, dass er GARANTIERT 5mW oder weniger hat, verursacht keine biologischen Schäden. Ja, diese Laserpointer sind schwächer und werden vielleicht nicht der Brüller sein, aber sie sind ungefährlich und mehr als ausreichend in der Dunkelheit. Mehr zur Notwendigkeit der Garantie:

Kauft NUR bei Anbietern, die eine gemessene optische Leistung garantieren können!!! Eine Studie aus dem Jahr 2013 ergab, dass 90% der Laserpointer überbewertet sind. Laserpointer können auch leicht unterbewertet sein. Billige Laserpointer haben keine stabile Stromversorgung, so dass deren Testungen nicht zuverlässig sein können. Verwendet keine billigen Laserpointer, da sie möglicherweise keinen Infrarotfilter haben, was, ohne zu technisch und kompliziert zu werden, bei der Verwendung in der Nähe von reflektierenden Oberflächen riskanter ist. Was die Farbe anbelangt, so sollte er Grün (532nm) sein. Diese Wellenlänge ist für die Sehkraft der Augen im Dunkeln am besten geeignet und er strahlt 35-mal heller als ein roter Laser der gleichen Stärke.

NIEMALS den Laser auf ein Flugzeug, einen Hubschrauber oder irgendetwas vom Menschen Betriebenes richten! In Kanada ist das eine Straftat: 100.000 $ Geldstrafe und/oder 5 Jahre Gefängnis. In den USA siehst du dich möglicherweise einer Geldstrafe von bis zu $250.000 und/oder einer Gefängnisstrafe von bis zu 25 Jahren gegenüber. Natürlich will keiner diese Strafen, aber noch weniger will man einen Piloten blenden und Menschen gefährden. Daher: Wenn ihr mit einem Laserpointer auf ein UFO zeigt, dann in großen Kreisbewegungen um das UFO (oder zeigt daneben). Niemals direkt draufhalten, auch wenn ihr euch sicher seid, dass es sich nicht um ein menschliches Flugobjekt handelt. ET haben auch Augen. Vielleicht.

Schutzbrillen:
Wir haben nie eine Schutzbrille benutzt, aber wenn ihr es versucht, achtet darauf, dass die Brille speziell auf die Farbe und Stärke des Laserpointers abgestimmt ist und für den Einsatz bei Nacht gemacht ist. Auf dieser Seite findet ihr eine Auflistung zu Schutzbrillen für Piloten (im Gegensatz zu Labortechnikern): http://www.laserpointersafety.com/laserglasses/laserglasses.html - Zu den Optionen auf dieser Seite gehören: Laser-Gard von Sperian ($99 USD) und Flash Fighters ($239 USD).

Ausrüstung

Seriöse Quellen für Laserpointer:

Zbolt http://www.z-bolt.com/
- "Constant On/Off Green Laser Pointer" $48 USD, AAA-Batterien, garantiert zwischen 4mW und 5mW.
- "Astronomy Green Laser" $58 USD, CR123A-Batterien. (Lithium-Batterien, die in der Kälte besser funktionieren als Alkaline-Batterien.) Garantiert zwischen 4mW und 5mW.

Laserglow https://www.laserglow.com
- "Anser Series" 5mW 532nm $39 USD, AAA-Batterien, garantiert zwischen 3mW und 5mW. Wenn du beim Bestellen in der Kommentarbox darum bittest, suchen sie dir einen zwischen 4,5 und 5 mW heraus.
- Sie haben auch Schutzbrillen, empfohlen ist das "Glareshield" Pilotenmodell für den Einsatz bei Nacht. "AGS5323PX" hier: https://www.laserglow.com/AGS.

Laser Points http://www.laserpoints.com
- "SKY 5mW 532nm Green Laser Pointer Pen" $39.99 USD, AAA-Batterien. Wenn du die Bestellung abgibst, bitte sie, ihn darauf zu testen, dass er zwischen 4,5 und 5 mW liegt, und einen Infrarotfilter zu installieren.

Laser Classroom http://store.laserclassroom.com/
- "Classroom Green Laserpointer" $35 USD, AAA-Batterien. Sie sagen, dass sie die Garantie geben, dass die Leistung zwischen 3mW und 5mW liegt. Lasse es dir bestätigen, wenn du bestellst.
- Dort gibt es auch einen coolen holografischen Projektor für das Handy für nur $15.

Sichere Verwendung

Jetzt wollen wir uns aber die Vorzüge eines Laserpointers ansehen! Sie sind echt cool.

- Punktiere für die Gruppe die Haupthimmelsrichtungen: Norden, Süden, Osten, Westen.
- Beleuchte Himmelsobjekte wie Sterne, Sternbilder, Planeten und so weiter, wie Astronomen auf einer Sternenparty.
- Laserpointer sind optimal, um auf Anomalien am Nachthimmel hinzuweisen, z. B. auf eine Stelle mit kurzen Blitzeffekten oder auf gemutmaßte Satelliten, usw.
- Im CSETI-Protokoll werden Laserpointer auch dazu verwendet, um ET den genauen Standort der Gruppe zu signalisieren: "WIR SIND HIER!" Dazu zeichnet man ein intelligentes Muster in den Nachthimmel, etwa ein Dreieck, einen Kreis oder ein Unendlichkeitssymbol. Man kann auch mit dem Laserpointer einmal für jedes Wort blinken: Wir – Sind – Hier. Macht dies vor dem CE-5 und dann immer mal hin und wieder. ET euren Standort zu zeigen macht Spaß, ist aber eigentlich nicht nötig. Sie wissen, wo ihr seid.
- Man kann einem UFO, von dem man sicher ist, dass es *nicht* irdisch ist, ein Signal senden (zur Seite signalisieren, um sicherzugehen). Verwende dabei ein einfaches, kohärentes Muster (z. B. drei kurze Impulse). Erhältst du ein Rücksignal, signalisiere erneut zurück. Herzlichen Glückwunsch, du hast soeben ein "Lock-on" mit dem Schiff erreicht! Du kannst dann den Landeplatz anzeigen, den du vorher ausgewählt hast und auf dem du ein Raumschiff landen sehen wollen würdest, wenn du das Glück hast.
- Tipp: Laserpointer, die mit dünnen AAA-Batterien betrieben werden, können kalt werden. Wärme daher den Laserpointer in deiner Hand auf, um seine Leistung zu verbessern.

Ausrüstung

APPS

Es gibt eine Reihe nützlicher Apps für iOS und Android, die der Kontaktarbeit von Nutzen sein können. Unter anderem können einige Apps dabei helfen, UFOs und von Menschen gemachte Himmelsobjekte zu unterscheiden. Wenn möglich, sucht nach Apps, die keine Internetverbindung benötigen. Schaltet die Telefone im Freien in den Flugzeugmodus, damit es so wenig elektromagnetische Störungen wie möglich gibt (mehr dazu weiter unten). Für die folgenden Bereiche gibt es viele unterschiedliche Apps. (Da die Technologie immer fortschreitet, kommen und gehen die Apps, aber wir tun unser Bestes, um euch ein paar für den Anfang zu empfehlen. Wenn ihr etwas Besseres findet, lasst es uns wissen!) Die meisten Apps scheinen die Möglichkeit zu bieten, sie vor dem Kauf zu testen und zu sehen, ob sie dir gefällt, bevor du sie kaufst. Obwohl viele Apps kostenlos sind, kann es sein, dass du ein wenig Geld für ausgereiftere Apps oder ein kostenpflichtiges Upgrade hinlegen musst. Sieh dir die Bewertungen an.

Satelliten-Tracker

Finde eine Satelliten-Tracker-App, die den Namen des Satelliten in Echtzeit anzeigt, wenn du darauf zeigst, was die Identifizierung erleichtert. Einige Satelliten-Apps stellen eine Verbindung zu einer Datenbank her, so dass du möglicherweise Internetzugang im Feld benötigst, andere nicht. Denkt daran, dass Militär- oder Spionagesatelliten wahrscheinlich nicht angezeigt werden. Probiert es mit: SkySafari 5 (iOS/Android), Sky Guide AR (iOS), Stellarium Mobile (iOS/Android)

Flugzeug-Tracker

Diese Apps zeigen, welche registrierten Flugzeuge in eurer Nähe unterwegs sind sowie ihre Flugroute, Start- und Zielort, Flugzeugtyp und die Flughöhe, usw. Natürlich werden aus Sicherheitsgründen keine Militärflugzeuge angezeigt, also wird man keine Spionageflugzeuge, Düsenjäger oder die "Air Force One" sehen! Probiert es mit: FlightRadar24 (iOS/Android), Plane Finder-Flight Tracker (iOS), Planes Live (iOS)

Iridium Flare Tracker: Historisch lustig, jetzt nicht mehr gefragt

"Iridium Flares" gehören nun leider der Vergangenheit an. Die erste Generation dieser Satelliten, die 1997 gestartet wurde, hatte verspiegelte, türgroße Antennen, die so angewinkelt waren, dass sie hell am Nachthimmel aufblitzten, wenn sie kurz die Sonne reflektierten. Die zweite Generation, "Iridium NEXT", hat nun eine neue Geometrie des Designs, welche keine Reflexionen mehr erzeugt. Es ist möglich, dass man immer noch ein kleines Flare sieht – allerdings werden die Satelliten nicht mehr so streng kontrolliert wie früher, so dass keine Berechnungen zur genauen Zeitbestimmung durchgeführt werden. Das neue Set ist nun vollständig im Einsatz. Wer diese App also schon hat, kann sie getrost bis auf Weiteres löschen.

Sternbild-App

Lernt die Sternbilder, Planeten und Sterne kennen. Einige Apps zeigen auch an, wo sich das Hubble-Teleskop und die Internationale Raumstation (ISS) befinden. Wusstet ihr, dass die Internationale Raumstation ein Forschungslabor ist, in dem sich immer 3 bis 10 Menschen aus verschiedenen Ländern aufhalten? Astronauten, Kosmonauten und Weltraumtouristen aus 17 verschiedenen Nationen haben sie besucht und sie ist seit November 2000 ununterbrochen besetzt. Probiert es mit: SkyView Free (iOS/Android), Sky Map (Android), Sky Walk 2 (iOS/Android), Night Sky (iOS), Night Sky Lite (Android), Stellarium Mobile (iOS/Android), Sky Guide AR (iOS), Sky Rover (iOS)

Karte zur Lichtverschmutzung

Ideal für die Suche nach einem dunklen Feldstandort, der relativ frei von Lichtverschmutzung ist. Wir wollen doch alle mehr von der Milchstraße sehen, oder? Probiert diese Apps aus: Light Pollution Map (iOS/ Android), Dark Sky Finder (iOS), Dark Sky Map (Android), Scope Nights (iOS)

Wettervorhersage/Himmelsbedingungen
Zuverlässige Wettervorhersagen für Astronomen mit Schwerpunkt auf der Wolkenbedeckung. Hier einige Apps: Weather Underground (iOS/Android), Clear Outside (iOS/Android), Astro Panel (Android), Scope Nights (iOS)

Digitale Tonaufnahme-App
Für Aufnahmen während der Feldarbeit, Besprechungen oder einfach zum Diktieren von Notizen. Hier werdet ihr fündig: Smart Recorder (iOS, Android), iTalk Recorder (iOS)

ET-Contakt Tool
Diese App wurde von CSETI entwickelt und bietet Meditationen, Kornkreistöne, ein Magnetometer, einen Kompass und Anleitungen zur Verwendung der App und zur Feldarbeit im Allgemeinen. (iOS/Android)

ESP-Trainer
Die NASA und das Stanford Research Institute haben diese App entwickelt, um übersinnliche Fähigkeiten zu verbessern. In einem einjährigen NASA-Programm verbesserten 145 Probanden ihre Werte, wobei 4 von ihnen ihre Werte sogar auf ein Maß von 100-zu-1 verbesserten. Wenn du feststellst, dass du regelmäßig 12 oder mehr Punkte erreichst, dann schreibe es dem Entwickler unter: http://www.dojopsi.com/contactrussell.cfm (iOS)

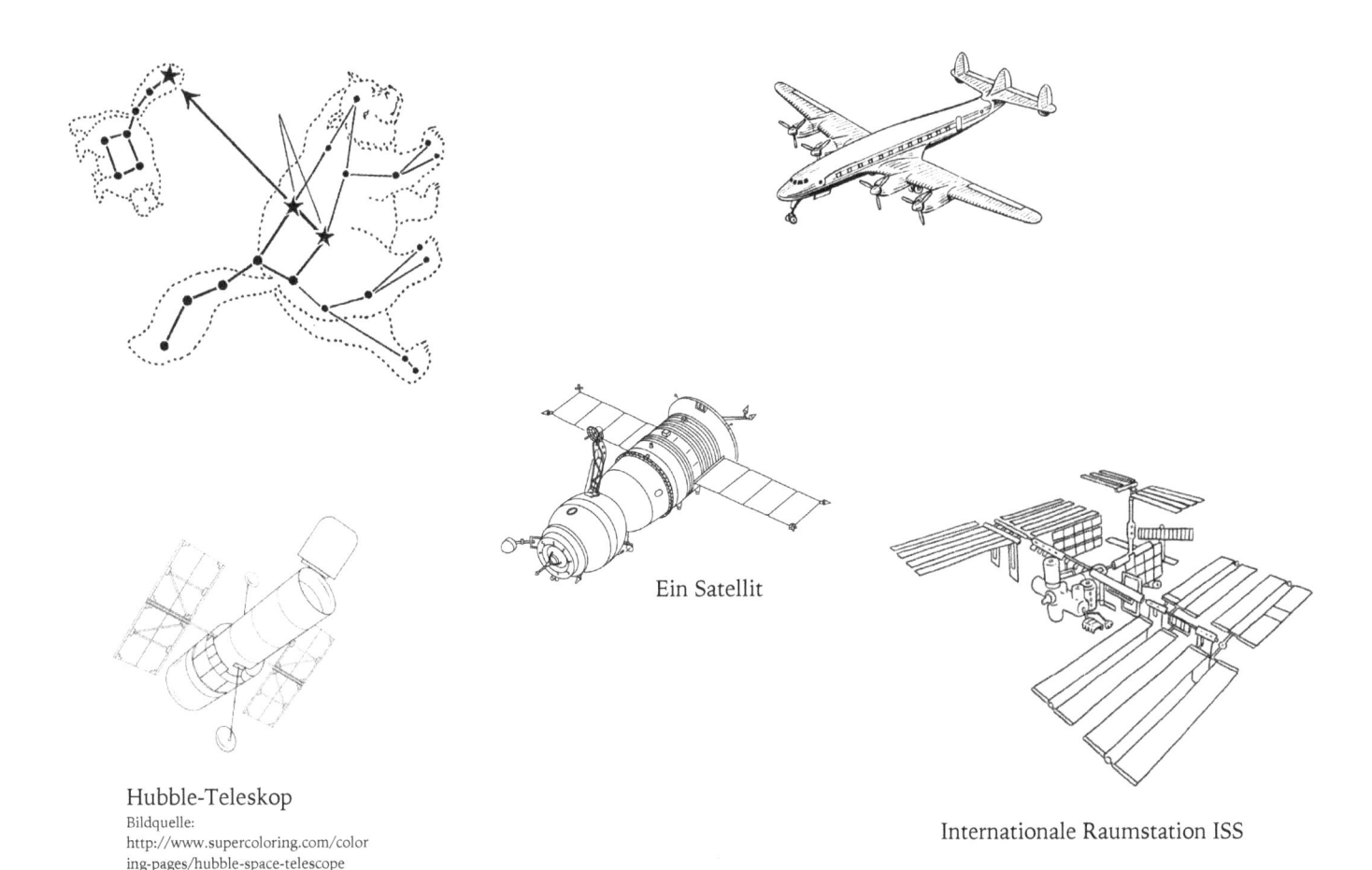

Hubble-Teleskop
Bildquelle:
http://www.supercoloring.com/coloring-pages/hubble-space-telescope

Ein Satellit

Internationale Raumstation ISS

Ausrüstung

GERÄTE ZUM EMPFANG VON KOMMUNIKATIONEN

Unsere Gruppe ist nicht sehr technisch, die meisten der folgenden Informationen kommen von unserer technisch versierten Mentorin Deb Warren aus Vernon, BC, die schon seit vielen Jahren bei CE-5 dabei ist.

Viele Leute, die CE-5 machen, benutzen unterschiedliche Geräte, um etwas von ET zu hören. Was man mit diesen Geräten macht, ist Folgendes: Man schaltet sie ein, passt vielleicht ein paar Einstellungen an und wartet dann, bis es einen Ton oder Pips von sich gibt oder was auch immer das Gerät tut. Diese Geräte können sich nicht von selbst auslösen, sie benötigen eine externe Quelle, auf die sie reagieren. Lass das mal sacken. Es gibt an einem abgelegenen Ort nichts, was diese Geräte auslösen kann. Frage mal einen promovierten Experten der elektromagnitischen Wissenschaft.

- Wenn ihr ein solches Gerät verwendet, dann schaltet eure Handys sowie alle Fernseher in der Nähe aus.
- Geräteaktivität korrespondiert manchmal mit Sichtungen.
- Entschlüsselung von ET-Kommunikationen:
    - Ein "Piep" = *Nein* (oder Stille für Geigerzähler)
    - "Piep-Piep" = *Ja*
    - "Piep-Piep-Piep" = "*Wir sind hier*"

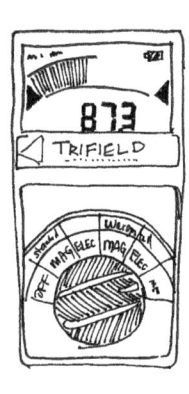

EMF-Messgerät $21-$245 USD

Ein EMF-Messgerät (auch Magnetometer oder Trifield Meter) erkennt Felder, die von elektrisch geladenen Objekten ausgesendet werden. Im konventionellen Leben werden EMF-Meter verwendet bei Problemen mit elektrischen Verdrahtungen, Stromleitungen oder um die Wirksamkeit elektrischer Abschirmungen zu diagnostizieren. Wenn du also mitten im Nirgendwo bist und eines geht los ... dann ist etwas im Busch.

Das Trifield 100XE Messgerät von AlphaLab Inc. war der Standard vieler CE-5-Gruppen. AlphaLab hat inzwischen ein neues Modell, das sich TF2 nennt: https://www.trifield.com/product/trifield-emf-meter/ – $168 USD. Das neue Modell "piept" anstatt zu "singen". Wer den analogen Ton bevorzugt und nach einem alten Modell sucht, der sollte sich vergewissern, dass das Gerät mit Ton geliefert wird, da dies eine Zusatzoption ist. (Messgeräte mit Ton haben einen "Rauschsperre"-Knopf auf der rechten Seite.) Mit etwas Glück findest du auch eines mit einem integrierten Rotlicht, was praktisch ist, um im Dunkeln etwas zu erkennen, wenn das Gerät ausschlägt. Bei den neuen Geräten gibt es diese Option des Rotlichts allerdings nicht. Wenn du denkst, dass das eine Verbesserungs an dem Gerät wäre, dann teile dies dem Hersteller bei der Bestellung mit; man ist dort sehr entgegenkommend und hat seit Produktionsbeginn z. B. schon den Geräuschpegel für das TF2 verbessert.

Stelle das alte Modell auf "*Magnetic Setting 0 to 3 Range*" ein, das neue auf "*Weighted Magnetic*". Da es auf humane Magnetfelder reagiert, achte darauf, es so niedrig einzustellen, dass es keine Menschen in der Nähe aufnimmt. Fahre den Wert so weit herunter, dass ein Ton erklingt, wenn die Hand in unmittelbare Nähe ist, und halte dann Abstand. Gibt es nun einen Ton von sich, ohne dass jemand danach greift, so liegt eine anomale Veränderung des Magnetfeldes vor. Testen kannst du das Gerät, indem du es auf „Leise" stellst und dich damit einem elektronischen Gerät, z. B. einer Steckdose, einem Fernseher oder einer Mikrowelle näherst.

Ausrüstung

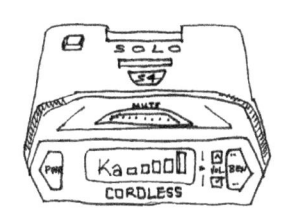

Tragbarer Radar-Detektor $70-$300 USD

Hier kann jeder Auto-Radar-Detektor genutzt werden. Wenn ET eine Übertragung senden, macht das Gerät ein sehr anderes und eindeutiges Geräusch als im Standardbetrieb, wenn du die Straße entlangfährst. Stelle das Gerät entweder auf Autobahn (empfindlicher) oder Stadt (weniger empfindlich) ein. Wenn du mehr als zwei Geräte im Einsatz hast, mache vorab einen Test, um sicherzustellen, dass die Geräte sich nicht gegenseitig beeinträchtigen. Richte die Linsen im Feld nicht aufeinander, da dies ein falsches „Positiv" erzeugen könnte. Versuche es mit dem S4: https://www.escortradar.com. Oder probiere es mit: http://www.radarsource.com

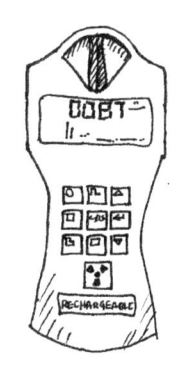

Gamma Scout Geigerzähler $100-440 USD

Gut, um radioaktive Strahlung zu messen, und er kann unsichtbare UFOs oder auch Spuren einer Landung aufspüren. ET könnten ihn auch als Kommunikationsmittel verwenden. Im Betriebsmodus zirpt er, jedoch verdoppelt er auf zwei Zirpgeräusche, um "Ja" zu sagen oder er verstummt, wenn die Antwort "Nein" ist. Die wiederaufladbare Version muss nur einmal in drei Jahren aufgeladen werden. https://www.gammascout.com/collections/geiger-counters

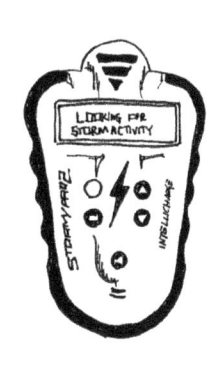

Tragbarer Blitzortungsgerät: $26-$499 USD

Ein Blitzortungsgerät wird normalerweise verwendet, um Blitzeinschläge in einer Entfernung von bis zu 50 Meilen zu erkennen. Wenn das Gerät plötzlich einen Blitzeinschlag feststellt, kann das bedeuten, dass in Wirklichkeit ein ET-Raumschiff plötzlich aufgetaucht ist, das eine starke elektrische Entladung abstrahlt. Bei einem Training im April 2012 in Marcos Island, Florida, sah Deb Warren einige Meilen entfernt einen lautlosen Kugelblitz, der Storm Tracker reagierte aber nicht darauf. In der nächsten Nacht gab es ein Gewitter, das etwa 25 Meilen entfernt begann und sich bis auf eine Meile näherte, und nun piepte der Sturmtracker bei jedem Blitz. Die ET erzeugten in der ersten Nacht eine Störung und ließen in der folgenden Nacht zum Vergleich ein echtes Gewitter vorbeiziehen. Zu kaufen: https://www.ambientweather.com

Digitales Außenthermometer: ab $12,99 USD

Überwacht die Lufttemperatur und Luftfeuchtigkeit während der Feldarbeit. Wenn die Lufttemperatur plötzlich in die Höhe schnellt, kann das ein Hinweis darauf sein, dass ein ET-Schiff direkt über euch schwebt; noch cooler, die Gruppe kann sich sogar *in* einem entmaterialisierten Raumschiff befinden. So ziemlich überall erhältlich.

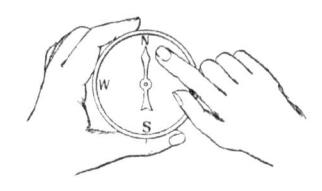

Kompass ~$10 und aufwärts

Ein einfacher Kompass ist völlig ausreichend. Wird er beeinflusst, so zeigt er nach Süden statt nach Norden.

GERÄTE ZUR AUFZEICHNUNG VON SICHTUNGEN

Wisst ihr, warum die meisten Aufnahmen von UFOs unscharf, verschwommen, verwackelt, unvollständig usw. sind? Weil es so unheimlich schwer ist, ein UFO zu filmen, darum. Es ist mitten in der Nacht, du kannst nichts sehen, hast die Handschuhe an, du hast vergessen, welcher Knopf was macht, kannst das UFO nicht einmal im Sucher finden. Wenn du es dann doch findest, kannst du es nur schwer verfolgen, weil du so aufgeregt bist oder weil die Kamera so weit herangezoomt ist, dass es dir vorkommt, als ob du im Mikroskop blitzschnelle Himmelsamöben beobachten würdest. Sobald das UFO aus dem Bild verschwindet (weil du die Kamera verwackelst oder dich dabei verirrst, ein Auge auf dem Sucher und das andere am Himmel halten zu wollen, damit du auch an der Sichtung teilnehmen kannst), musst du es wiederfinden. Ich persönlich habe es aufgegeben, Aufnahmen zu machen und gleichzeitig zu versuchen, eine Gruppe zu führen; es ist zu kompliziert. Wenn du so konfus wirst wie ich, delegiere es an jemanden anderen oder sorge für einen Co-Leiter oder eine Gruppendynamik, die dir Zeit erlaubt, an der Ausrüstung herumzufriemeln.

Nachtsicht-Videokamera

Luna LN-DM50-HRSD ~$400 USD

- Wir verwenden dieses Modell. Es ist praktisch, ein Nachtsichtgerät mit Videorecorder in Einem zu haben, aber es vergrößert sehr stark, so dass nur ein winziger Teil des Himmels aufgenommen wird. Da bei der Benutzung das Auge sehr geblendet wird, ist das Hin- und Herwechseln zwischen Himmelsbeobachtung und Dokumentation etwas schwierig. http://www.lunaoptics.com

Bushnell Equinox Z ~$340 USD

- Ein Nachtsicht-Monokular mit Foto-/Videofunktion, das Batterien frisst, doch mit einer externen Batterie, z. B. der Limefuel Blast L60X für 30 $, hält es viele Stunden durch. http://www.bushnell.com

Digiforce X970 ~$760 USD

- Foto/Video-Funktionen – das aktuell neueste Angebot des Herstellers Pulsar. Es hat ein Fadennetz zur Entfernungsmessung. Wir wissen nicht, was das heißt, aber es klingt gut. http://pulsarnv.com

iGen 20/20 ~$399 USD

- Für ein erweitertes Sichtfeld kannst du diese Kamera in Betracht ziehen. Sie hat zwar eine geringere Empfindlichkeit als die obige X970, aber das iGen-Objektiv hat ein Gewinde, an dem man Tele- oder Weitwinkel-Objektive montieren kann. http://www.nightowloptics.com (Klicke auf "iGen" auf der rechten Seite)

Ranger RT ~ $900 USD
- Wir haben einige gute Kritiken zum Yukon Ranger Pro bekommen, das aber nicht mehr erhältlich ist. Wenn du im Pfandhaus keines finden kannst, sieh dir die anderen Nachtsichtgeräte der Ranger-Serie an, die von Yukon Optics verkauft werden. http://yukonopticsglobal.com

Infrarotkamera $100 USD und aufwärts

Man kann eine billige "Bell and Howell"-Infrarotkamera von Amazon oder eBay bekommen. Funktioniert gut. Suchbegriffe: "Bell Howell IR Nachtsichtkamera"

Ausrüstung

Herkömmliche Kamera

- Natürlich könnt ihr auch eine ganz normale Kamera verwenden, um Bilder oder Videos von UFOs zu schießen. Beste Ergebnisse bringt eine Kamera mit möglichst hohem ISO-Wert.
- Ich habe einmal mehrere Fotos vom Himmel im Versuch gemacht, herauszufinden, ob sich einer der "Sterne", die ich über mir beobachtete, im Kreis bewegte. Ich fand nie heraus, ob ich mir das eingebildet hatte oder nicht, denn nachdem ich die Fotos auf meinen Computer heruntergeladen hatte, war ich viel mehr an dem hellen, rot-weißen UFO interessiert, das sich wie von Zauberhand im Bild zeigte. Ich benutzte meine Point-and-Shoot-Kamera, eine SONY Rx 100 iii, Max ISO 128.000.
- Unsere CE-5 Mentorin, Deb Warren, hat auch mit ihrer Canon D5 Mark 2 ISO 25.000 gute Ergebnisse. Um ein Beispiel für ihre Fotos zu sehen, googelt: "CSETI Joshua Tree jewel-like ET Craft".
- Das berühmte "Vero Beach Twin Ships"-Video wurde mit einer Sony A7S aufgenommen. Diese Kameramodelle haben bemerkenswerte Low-Light-Fähigkeiten im Bereich von ISO 100.00 bis 400.000.

Kamera speziell für die Aufnahme von Kugeln (Orbs):

Wenn du gerne Bilder von Orb-Aktivitäten machst, funktionieren ältere Digitalkameras besonders gut, da sie keine "Hot Mirror"-Technologie (Infrarotfilter) haben. Verwende einen Blitz. In dem Buch "The Orb Project" haben die Forscher eine Pentax Optio 330 und eine Nikon Coopix 8800 verwendet. Jemand in unserer Gruppe verwendet die Canon PowerShot sd1100IS mit gutem Erfolg. Für Tipps zum Fotografieren von Orbs besuche: https://orbwhisperer.com/orb-photography-tips.

Infrarotlicht $15-30 USD

Ein einfaches Infrarotlicht hilft, Orbs in der Nacht besser zu sehen, wenn man mit Nachtsichtbrille/Kamera oder mit normaler Kamera oder Camcoder auf „Orb-Jagd" geht.

Wie man Phänomene in Bildern festhält

Auf Fotos tauchen manche Phänomene auf, die für die Augen beim Aufnehmen unsichtbar sind. Dafür reicht jede Kamera. Und so geht es:

- Mache es zu einer Intention, nicht-physische Phänomene und/oder ET einzufangen.
- Die Abenddämmerung ist eine besonders gute Zeit dafür.
- Meditiere, konzentriere dich auf Kommunikation, fühle die Energie fließen.
- Mache dann einfach zufällige Fotos von der Umgebung und dem Himmel.
- Im Indoor-Bereich versuche, Fotos eines schwach beleuchteten Raumes mit Blitzlicht zu machen. Ziele auf Bereiche wie Ecken und auch auf Hintergründe, die nicht weiß sind, da sie bei der Durchsicht leichter zu sehen sein werden.
- Man vermutet, dass eine Kamera durch deine Absicht kalibriert wird und mehr Phänomene einfängt, je mehr du sie für diesen Zweck einsetzt.

Ausrüstung

FOTOS

Hier sind einige Fotos, die von Leuten in unserer Gruppe und mehreren der an diesem Handbuch Mitwirkenden gemacht wurden:

Zwei anomale graue Formen, Raum Calgary, November 2016.

Anomale Energie, für das Auge unsichtbar, Motosu-See, Japan, 21. März 2015.

Ein blitzendes Licht am Mount Adams, vor und während des Blitzens. Es gibt keine Straßen, die zu diesem Ort führen. Auch die Helligkeitsstärke war anomal. ECETI, Washington State, Mai 2018. (Anmerkung: Nachtsichtgeräte, wie das Luna Optics Fernrohr, mit dem diese Bilder aufgenommen wurden, zeichnen Blitze und Power-ups heller auf, als sie dem Auge erscheinen.)

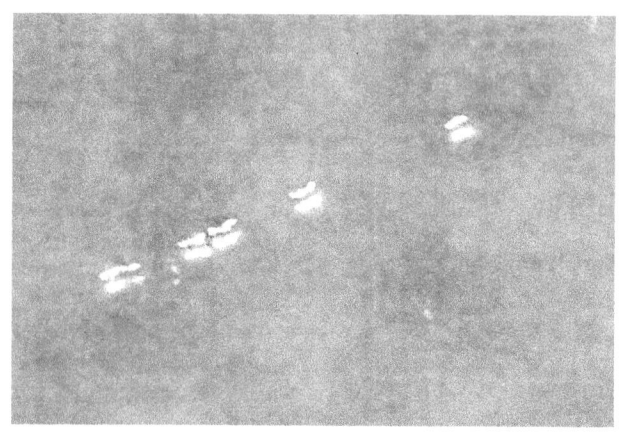

Fünf überlagerte Fotos eines sich bewegenden Raumschiffs, für das Auge unsichtbar, Mt. Shasta, Kalifornien, Juli 2016.

Vielzahl von Sphären, ECETI, Washington State, Mai 2018.

Ausrüstung

Zwei UFOs auf dem Weg zu einem Haus, von mehreren Augenzeugen beobachtet. Volcano, Kalifornien, November 2016.

Klassisches untertassenförmigesUFO, Tokio, Japan, November 2016.

Mutmaßlich verbergen sich UFOs manchmal als Wolken. ECETI, Washington State, Juli 2017.

Horizont sichtbar *durch* Keikos Kopf, ECETI, Washington State, Mai 2018.

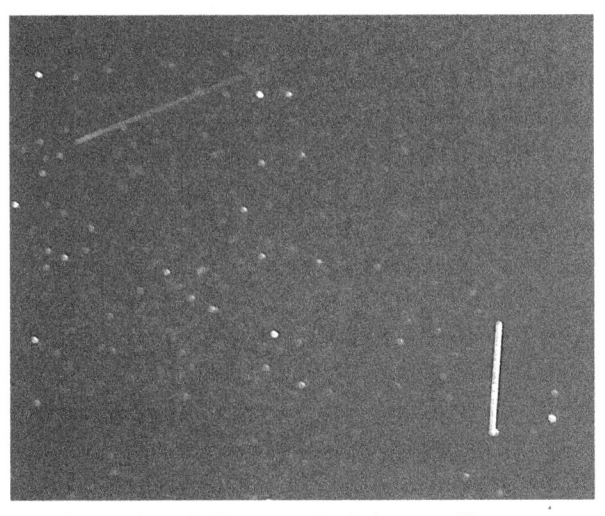

Streaker und ein heller vermeintlicher Satellit, Raum Calgary, August 2017.

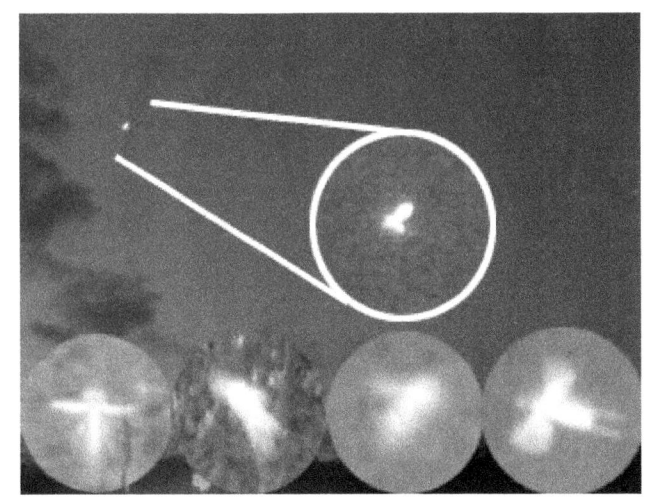

Anomale Lichter, für das Auge unsichtbar, ECETI, Washington State, Mai 2018, und Buffalo Lake, Alberta, Juli 2018.

49

INTERNE KOMMUNIKATION

Da es bei dieser Erfahrung eher um Wachstum als um Sichtungen geht, rechne damit, dass du mehr innere als äußere Erfahrungen machen wirst, besonders am Anfang. Die innere Kontakterfahrung tritt nicht nur während CE-5 auf, sondern auch während deines Traumzustandes, einer Meditation und sogar im täglichen Alltag. Du wirst wissen, dass du dich „ausdehnst", wenn du dich immer besser und besser fühlst. Die Weise, auf die du Liebe gibst und empfängst, wird bedingungslos und nur von deinen Überzeugungen/deinem Zustand abhängig sein, und nicht von anderen Menschen oderUmständen, über die du keine Kontrolle hast. Dieser Abschnitt ist deutlich kürzer als der Teil "Externe Kommunikation". Innere Erfahrungen sind sehr intim, einzigartig für jeden Menschen und normalerweise unmöglich voll zu vermitteln. Deshalb halten wir es hier also kurz und bündig und laden dich ein, nach Innen zu gehen.

Ganz grundsätzlich: Die innere Kommunikation und Interaktion erfolgt über die fünf Sinne. Wenn deine latenten übersinnlichen Fähigkeiten noch neu für dich sind, wirst du etwas Übung benötigen, um dir dieser Erfahrungen bewusst zu werden:

- Hellsichtigkeit (Clairvoyance): Das „Sehen" von Visionen, Symbolen, Auras, Energie, Lichter usw. Es kann vor deinem geistigen Auge auftauchen, es kann aber auch völlig real erscheinen.

- Hellhören (Clairaudience): Das Hören von Stimmen, Geräuschen, Tönen, Musik, usw. Auch ein Klingeln in den Ohren kann dazu gehören. Es können Wörter, ganze Sätze oder ein heruntergeladenes Paket sein, das du übersetzt. Vielleicht hört es sich wie deine Gedanken an, "eine Stimme im Kopf" oder eine richtige Stimme bzw. ein Geräusch.

- Hellspüren (Clairsentience): Etwas in/auf/neben dem Körper fühlen – Empfindungen, Energie, Berührung, Emotionen, Schwingung, Präsenz, usw.; wieder kann es subtil oder auch sehr konkret wahrgenommen werden.

- Hellriechen (Clairscent): Etwas riechen, das andere nicht wahrnehmen können.

- Hellschmecken (Clairgustance): Etwas schmecken, das andere nicht wahrnehmen können.

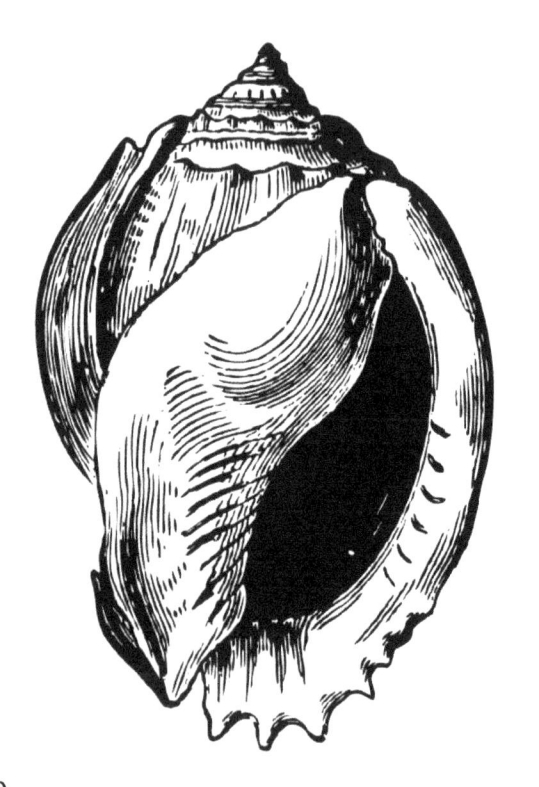

Es könnten auch mehrere Formen der psychischen Kommunikation gleichzeitig eintreffen. Du könntest eine ausgemachte Interaktion mit einem Wesen haben. Dies könnte am leichtesten möglich sein, wenn die Gehirnwellen im Alpha- oder Theta-Zustand sind, bei der Meditation, in Träumen oder im Zustand zwischen Schlafen und Aufwachen. Du könntest eine Erfahrung machen, die sich für dich völlig physisch und real anfühlt, und dann erkennen, dass sie es nicht ist, weil jemand anderes es nicht wahrnehmen kann. Synchronizitäten können zunehmen. Du kannst Körperempfindungen haben, die auf Energiedownloads, Upgrades oder Heilung hinweisen.

Trainiere deine hellsichtigen Fähigkeiten: Wenn das Telefon klingelt, rate, wer es ist. Wenn du eine Entscheidung in deinem Leben treffen musst, bitte um Führung und folge deiner Intuition. Hole dir die ESP-Trainer-App. Lerne mehr über luzides Träumen und lade eine Erfahrung/ET ein, dich dort zu treffen.

Spezifische Kommunikation

Energie-Download:

Im Feld könntest du plötzlich Energiewellen fühlen, die im Körper auf- und abwandern und sich dabei langsam verstärken. Dabei könntest du ein Kribbeln in den Fingerspitzen oder Füßen spüren und/oder Muskelzuckungen im Oberkörper. Auch leichte Übelkeit oder Kurzatmigkeit können sich zeigen. All diese Anzeichen können darauf hindeuten, dass du gerade einen energetischen Download irgeneiner Art erlebst. Wenn das passiert, erde dich. Gib der Energie einen Ort, an den sie fließen kann. Stelle die Füße, am besten barfuß, fest auf den Boden, oder du kannst dich auch mit den anderen an den Händen halten. Alternativ kannst du einen großen Kristall halten oder einen großen Baum umarmen. Versuche, tief ein- und auszuatmen und ruhig und entspannt zu bleiben. Es kann sich beunruhigend und unangenehm anfühlen, aber akzeptiere diese Energie als ein besonderes Geschenk. Es könnte bedeuten, dass du ein energetisches Tuning, ein DNA-Upgrade, eine Chakren-Reinigung oder eine Form von Heilung erhältst. Vielleicht bedeutet es aber auch, dass dein Körper als Kanal dient, um Heilenergie aus höheren Dimensionen in die Erde zu leiten. Was auch immer es ist, wirst du binnen ein bis zwei Tagen ein klares Gefühl energetischer Offenheit, des Erwachens und des Hochgefühls genießen können. Manche Menschen haben davon berichtet, wie diese einzigartige Erfahrung ihr gesamtes Leben dauerhaft auf einer sehr tiefen Ebene positiv verändert hat.

Verschmelzen:

In einem entspannten, hoch-schwingenden Zustand könntest du plötzlich spüren, wie sich langsam warme, flauschige, kribbelnde oder glückselige Empfindungen entwickeln, sich bewegen und über den gesamten Körper fließen. Dies kann darauf hinweisen, dass du eine Verschmelzung erlebst; das heißt, ein entmaterialisiertes Wesen interagiert mit deinem bioelektrischen Feld. Für das Wesen ist es ein sicherer Weg, dir seine Gegenwart auf energetischer Ebene anzuzeigen. Es ist jedoch über die Intention deine Entscheidung, die Interaktion anzunehmen und aufrechtzuerhalten oder sie abzubrechen. Es ist immer deine Wahl. Das Wesen kann auch neugierig sein und sich entscheiden, deinen physischen und subtilen Energiekörper zu erforschen, zu studieren oder sich damit zu verbinden. Damit kann auch eine Heilung verbunden sein. Für viele ist diese Verbindung ein einzigartiges Geschenk.

"Ist es meine Einbildung oder eine echte übersinnliche Erfahrung?" Die Antwort darauf ist nicht so wichtig wie das, was man erlebt; es hat so oder so eine individuelle Bedeutung. Jedoch wirst du mit Übung den Unterschied erkennen können. Wenn du zu einem wirklich offenen Kanal wirst, wird es dir offenkundig sein, wenn höhere Kommunikation in dein Erleben eingebracht wird. Wenn du auf einem CE-5 bist, schäme dich nicht, deine Erfahrung mit der Gruppe zu teilen, ob du den Ursprung kennst oder nicht. In der Wissenschaft muss man furchtlos sein. Du kannst den Vorbehalt äußern, dass du es nicht weißt. Dein Erlebnis könnte für jemanden in der Gruppe wichtig sein.

EXTERNE KOMMUNIKATION

Vermeintliche Satelliten

Alle Satelliten werden als "vermeintlich" bezeichnet, um anzuzeigen, dass wir nicht wirklich wissen, worum es sich handelt, es sei denn, es ist bewiesen. Satelliten bewegen sich in einem langsamen Tempo über den Himmel und können manchmal aufflackern, wenn das Sonnenlicht von Teilen wie Sonnensegeln reflektiert wird. NOSS wie auch NOSS-ähnliche (Naval Ocean Surveillance System) Satelliten kommen paarweise oder gar zu dritt. Satelliten als solche zu bestätigen macht Spaß. Hier sind ein paar Punkte für die Diskussion. Verschwendet nicht zu viel Zeit darauf und nehmt es nicht zu ernst, weil wirklich unbestreitbare Sichtungen vor euch liegen.

- Die Größe von Satelliten reicht von einer Melone bis zu einem großen Pickup-Truck, und die Entfernung der Umlaufbahn von der Erde beträgt zwischen 180 km und bis zu 35.000 km. Satelliten welcher Größe können tatsächlich mit dem bloßen Auge gesehen werden?

- Die Internationale Raumstation (ISS) ist so groß wie ein Fußballfeld und nur 400 km entfernt. Diese ist sichtbar. (Eigentlich kein Satellit, sondern ein wissenschaftliches Labor, in dem sich immer 3 bis 10 Astronauten aufhalten, cool, oder?)

- Ein Iridium-Satellit ist so groß wie ein Lastwagen, in 780 km Höhe und kaum mehr sichtbar. (Satelliten der 1. Generation blitzten sehr sichtbar auf. Leider ist nicht zu erwarten, dass die der 2. Generation, jetzt voll im Einsatz, aufleuchten werden).

- Bewegung: Die meisten Satelliten bewegen sich in eine Richtung: mit der Erdrotation von West nach Ost. Militärsatelliten bewegen sich senkrecht dazu, also von Norden – Süden (oder Süden – Norden). Da eine der Erdrotation entgegengerichtete Umlaufbahn (Ost – West) teurer ist, gibt es nur wenige davon.

- Eine Möglichkeit, um sich zu versichern, ob man es mit einem "vermeintlichen" Satelliten zu tun hat oder nicht, ist es, ihn zu bitten, seine Leuchtkraft zu erhöhen oder die Richtung zu ändern. Sammelt euren Geist und eure Herzen und bittet darum: Gruppen wurden schon erhört!

- Manche vermeintlichen Satelliten "blinken" und "glitzern" hell. Es könnte die Sonne sein, die sich an einem glänzenden Teil des Weltraum-Bummlers bricht, oder auch nicht.

- In manchen Nächten sehen wir SO VIELE vermeintliche Satelliten, in anderen Nächten sehen wir kaum etwas. Wir könnten versuchen, das mit einer Sat-App zu prüfen, allerdings gibt es da auch noch Weltraumschrott. Wir haben es aufgegeben und lassen den Begriff "vermeintlicher Satellit" für sich selbst sprechen.

Vermeintliche Meteore, auch als "Streaker" bekannt

- Diese werden ebenfalls "vermeintlich" genannt, weil auch sie nicht auf die eine oder andere Art bewiesen werden können. Das Anomalste an Streakern ist die hohe Zahl, die bei einem CE-5 auftreten kann. Stellt sicher, dass es keine Nacht mit Meteoritenschauern ist, wenn ihr diese Behauptung aufstellt. (Infoseite: https://spaceweather.com)

- Streaker gibt es in so vielen Varianten: Größe, Geschwindigkeit, Farbe, zurückgelegte Entfernung. Auf einem Retreat am Mt. Shasta sahen wir Meteoriten, die im Sekundenbruchteil das gesamte Sichtfeld des Himmels durchzogen, große, dicke, orange und grüne Streaker, einige die „taumelten", und einen, der aus einer Form bestand, die sich am vorderen Ende in zwei Formen teilte.

- Meteore tauchen oft zu synchronen Zeiten auf, beispielsweise wenn wir zum Abschluss "Danke" sagen oder wenn ET etwas unterstreichen wollen, das jemand sagt und dem sie zustimmen.

Vermeintliche Sterne
"Vermeintliche" Sterne bewegen sich entgegen der Richtung aller anderen Sterne. Um die Bewegung zu klären, benötigt man einen Bezugspunkt, wie einen Baum. Sie blinken manchmal, gehen an und aus oder funkeln in verschiedenen Farben. Bedenkt aber, dass echte Sterne in der Nähe des Horizonts aufgrund der Lichtbrechung ebenfalls blinken.

Blitzlichter
Ein "Flashbulb" ist ein schneller Lichtblitz, der so aussieht, als ob jemand von oben ein Foto mit Blitz von dir gemacht hätte. Es passiert schnell! Wer den Blitz zuerst sieht, sagt der Gruppe, wo der Blitz war und alle konzentrieren sich auf diese Stelle – sehr oft kommen noch weitere. Manchmal bleiben die Blitzlichter an einer Stelle und mal bewegen sie sich und bleiben in Bewegung, mal unregelmäßig, manchmal rhythmisch, im Zickzack oder auf Kurs. Zweimal haben wir eine Serie von mehr als 50 Blitzlichtern gesehen, zu viele, um sie genau zu zählen. Beim ersten Mal wurde es den Leuten sogar langweilig, nachdem sie mehr als 45 Blitze gezählt hatten und sie gingen dann wieder dazu über, UFO-Geschichten zu erzählen, während ich rief "...48!... 49!...50!" Ich liebe meine Gruppe.

Power-ups
Ein Power-up beginnt als vermeintlicher Satellit, Tiefflieger, Stern oder etwas, das wie ein Flugzeug aussieht. Dann wird das Licht heller, oder eine große helle Kugel blitzt darum herum auf oder "powers up". Tolle Videos von Power-Ups gibt es auf Deb Warrens YouTube-Kanal: https://www.youtube.com/watch?v=OHC8X4j-i38. Wenn ihr euch Aufzeichnungen anseht, bedenkt, dass Nachtsichtgeräte das wenige vorhandene Licht verstärken, so dass die Helligkeit eines Power-ups stärker erscheint als das, was man mit bloßem Auge sehen würde.

Tiefflieger
Das sind spannende Sichtungen. Diese Lichter sind VIEL heller als alles andere da oben und scheinen tiefer in der Atmosphäre zu sein. Die Tiefflieger, die wir sehen, bewegen sich über den ganzen Himmel und werden am Rand fast bis zum Stillstand langsamer.

Orbs/Kugeln
Was sind Orbs? Du hast diese Lichtsphären wahrscheinlich auf Fotos gesehen. Die konventionelle Erklärung ist, dass sie aus der Lichtbrechung an Staubpartikeln entstehen. Es ist allerdings seltsam, dass sie sich gegen den Wind bewegen können, schneller und langsamer werden, Drehungen machen und sich spielerisch mit hochenergetischen Situationen zu befassen scheinen. Sie können sich bewegen oder stillstehen, in allen Farben leuchten und jede Größe von winzig bis gigantisch haben. Manche Menschen können sie mit dem bloßen Auge sehen. Die meisten Menschen sehen sie mit Nachtsichtbrillen (ECETI ist ein toller Ort, um mal durch viele tausend Dollar teure Nachtsichtbrillen zu schauen, die James liebenswürdigerweise herumreicht). Ältere Digitalkameras (ohne IR-Filter) eignen sich auch, um Orbs innen wie außen zu erfassen. Benutze ein Blitzlicht, aber achte darauf, dass du niemanden in deiner Gruppe blendest. (Es wird sie nicht froh machen!) Ein einfaches IR-Licht tut es auch, um Orbs entweder mit einer Brille oder bei der digitalen Aufzeichnung besser sichtbar zu machen. Einzeln oder als Gruppe kannst du Orbs auch nett zu einem Bild einladen – ihr könntet überrascht sein, wie viele von ihnen zu einem Fototermin auftauchen!

Sonden
Diese kleinen Lichter kommen sehr nahe an die Gruppe heran. Vielleicht tauchen sie sogar innerhalb des Kontaktkreises auf. Vielleicht erscheinen sie als kleine funkelnde Lichter. Vielleicht sind sie intelligent. Vielleicht sammeln sie Informationen. Vielleicht sagen sie einfach nur "Hallo".

Verzerrter Himmel
Ein Fleck am Himmel, der aussieht, als würden sich Hitzewellen durch ihn bewegen, oder ein Fleck, der schimmert, Farben hat oder dunkler ist.

Externe Kommunikation

Ausschluss von menschlichen Maschinen
- Flugzeuge und Hubschrauber haben Navigations- und Blinklichter, fliegen niedrig, mit variabler Geschwindigkeit und Manövrierfähigkeit und machen ein Geräusch.
- Auch Drohnen können leuchten oder nicht, Geräusche erzeugen, die man hört, wenn man nahe genug dran ist, variable Geschwindigkeit und Flugfähigkeiten haben und sie dürfen nicht sehr hoch fliegen. Der letzte Punkt mag irrelevant sein: Manche lassen sie ungeachtet der Gesetze auch hoch fliegen.

Verifikation: ET-Schiffe oder militärische Raumschiffe (auch bekannt als Alien Reproduction Vehicles, ARVs)
Das Militär versteckt seine eigene „UFO"-Flotte, die aus abgestürzten UFOs nachgebaut wurde. Eine Freundin ist mit einem Militärspezialisten mit "Top Secret"-Zugang verheiratet, der eines dieser Raumschiffe in der Area 51 gesehen hat. (Er rät zu einem Massen-Marsch zur Basis, um die Offenlegung der dortigen Geheimnisse zu fordern, falls das jemand organisieren will). Können wir den Unterschied zwischen einem ARV und einem ET-Schiff am Himmel erkennen? Wahrscheinlich nicht. Wir nehmen an, dass das Militär nicht auf unsere telepathischen Impulse reagiert. Sowohl ARVs als auch ET-Schiffe können:
- Eine rechtwinklige Drehung machen, umkehren oder anhalten und sich wieder bewegen, wie es Flugzeuge, Drohnen und Hubschrauber nicht können.
- Sie können "Power-Ups" erzeugen.
- Haben keine Stroboskope.
- Fliegen mit unglaublichen Geschwindigkeiten.

Unsere unbestreitbaren Gruppensichtungen: Bei einem von Kosta abgehaltenen Retreat am Mount Shasta sahen einige von uns etwa zehn Lichter in zwei perfekten Formationen, die einander lautlos über den Horizont verfolgten. Wir haben auch ein helles Licht gesehen, das sich bewegte, anhielt, bewegte, anhielt und wegzischte. Ein anderes Mal sahen wir ein Licht so tief fliegen, dass es eine Wolke beleuchtete. Das war ein Tiefflieger und wir haben noch drei weitere gesehen: extrem helle Lichter, die über uns hinwegflogen und dann langsam am Horizont fast zum Stillstand kamen. Wir betrachten übrigens auch Blitzlichter als bestätigte Sichtungen.

Loslassen
Verstrickt euch nicht zu sehr in die Frage, wie ein UFO "entlarvt" werden kann oder ob es einen unbekannten oder interstellaren Ursprung hat – wenn die Beweise nicht so zwingend sind, warum darüber streiten? Akzeptiert, dass es ein Raumschiff sein könnte und spart eure Energie für unbestreitbare Erfahrungen. CE-5-Facebook-Gruppen ziehen immer ein paar hässliche Trolle an... Wenn du die Art von Person bist, die gemein zu anderen ist, wenn deren Urteilsvermögen fraglich ist, wirst du nicht viele Sichtungen bekommen. Das liegt daran, dass "Gemeinheit" eine niedrige Schwingung ist, und wenn du eine niedrige Schwingung hast, wirst du keinen leichten Zugang zu Sichtungen haben. Also seid lieb zueinander.

"Warum sehen wir nur Lichter und keine coolen physischen Schiffe wie Untertassen und Dreiecksschiffe?"
Nahsichtungen von UFOs sind in den letzten Jahren zurückgegangen. Frage die Leute nach den UFO-Erlebnissen aus ihrer Kindheit oder der Vergangenheit und du wirst tolle Geschichten hören, wie die in unserer Gruppe: ein Dodekaeder-Schiff, bei dem sich die Spitze in Gegenrichtung zur Basis drehte, riesige schwarze Dreiecke, die große Teile des Himmels bedeckten, ein Metallschiff im Nebel, fast zum Greifen nahe... alte UFO-Sichtungen waren der Hammer!

Warum kommen jetzt meist nur weit entfernte Lichter? Es könnte eine Frage der Sicherheit sein. ET können möglicherweise nicht zu nahe kommen, da der Luftraum (besonders der nordamerikanische Luftraum) extrem eng ist. Ich schätze, das Militär wird sie abschießen, wenn es sie sieht. Nett. Es ist möglich, dass viele der Schiffe, die mit unseren Gruppen interagieren, aus einer Sicherheitsperspektive nicht von organischen Wesen aus weit entfernten Winkeln der Galaxie gesteuert werden, sondern durch fortgeschrittene KI-Technologie programmiert und ferngesteuert sind.

Begegnung mit einem Wesen:

Bei unseren CE-5 hatten wir bisher noch keine direkte Begegnung mit Wesen, jedoch hatte einer aus der Gruppe eine Begegnung von Angesicht zu Angesicht mit einem Wesen in seinem Haus. Ich habe auch eine Freundin in der Nachbarschaft, die eine indigene Schamanin ist und bei einem ihrer Besuche einer heiligen Stätte in den Tropen einem Wesen von Angesicht zu Angesicht gegenüberstand, wobei es mehrere Zeugen gab. Als sie das Wesen sah, liefen ihr die Tränen über das Gesicht... das Wesen wich sanft zurück und glitt zurück in den Dschungel. Es war eine intensive Erfahrung aus vielen Gründen, darunter vielleicht tiefe Erleichterung, überwältigende Gefühle der Liebe und/oder einer Sehnsucht nach Wiedervereinigung mit galaktischen Familien, von denen wir zu lange entfremdet waren.

Der Großteil der Menschen ist nicht annähernd so bereit wie eine Schamanin, einem Wesen zu begegnen. Wir fürchten von Natur aus das Unbekannte oder das „Andere" und obendrein sind wir durch die Medien konditioniert worden zu erwarten, dass Außerirdische feindlich oder böse sind.

Es ist eine sehr gute Übung, sich in der Gruppe auf direkte Interaktionen einzustellen. Versetzt euch in einen tief entspannten und konzentrierten Zustand und dann führe alle durch eine Visualisierung, in der jeder einem Wesen begegnet. (Siehe den Abschnitt über Meditationen für ein Beispiel.)

Eine weitere gute Übung ist sich vorzustellen, wie man im Alltag einem ET begegnet. Stelle dir einen ET an jeder Ecke vor, auf der Treppe, im Café, im Stau im Auto vor dir, usw. Du kannst sogar die Wände in deinem Zuhause mit Bildern von ET schmücken. Dadurch bereitest du praktisch deinen Geist darauf vor, eine physische Begegnung mit einem ET mental und emotional zu akzeptieren, ohne Furcht oder Angst. Auch dein Glaubenssystem programmiert sich dadurch darauf um, diese kleinen Begegnungen als natürlich, normal und prosaisch zu erkennen. Diese Strategie wird helfen, diese tiefen, unbewussten Überzeugungen loszulassen, dass eine Begegnung mit einem echten ET unmöglich ist.

Bei einem CE-5 oder auch im täglichen Leben bemerkst du vielleicht manche Phänomene, die sanft auf die Begegnung mit einem Wesen vorbereiten, wie z. B. das Hören von schlurfenden Füßen, das Fühlen einer sanften Berührung am dritten Auge oder irgendwo am Körper oder das Hören von Atemgeräuschen. Wesen können sich in nicht-physischer, interdimensionaler Form als funkelnde Lichter, Kugeln, Energieformen, dunkle oder unscharfe Gestalten zeigen, sie können aber auch in voller physischer Form erscheinen. Es wird berichtet, dass normalerweise ein Gefühl tiefer Liebe während dieser Interaktionen präsent ist, egal, ob telepathische Kommunikation vorhanden ist oder nicht.

Andere Phänomene als Sichtungen:

- Temperaturänderungen – der Körper oder die Umgebung können sich spürbar erwärmen oder abkühlen.
- Druckschwankungen – am häufigsten in den Ohren zu spüren. Dies könnte ein Hinweis auf ein ET-Schiff über dir sein.
- Wetterschwankungen – wie die Ab- oder Zunahme des Windes.
- Zittern oder Vibrieren des Körpers, auch Schmerzen oder unkontrollierbare Unruhe.
- Die Haare am Körper stehen.
- Geräusche – Summen, Klicken, Brummen, Tiere, die auf die Anwesenheit von Menschen und ET reagieren.
- So starke Gefühle der Liebe, dass Leute zu Tränen gerührt sind.
- Elektronik/Lichter schalten sich spontan ein- oder aus, oder Musik, die sich auf Geräten von selbst abspielt.
- Wolken – Formen, Farben, anomale bewegte/farbige Wolken.

Tipps

- Ermutige die Leute, Sichtungen und Phänomene mitzuteilen, wenn sie geschehen. Menschen sind oft schüchtern und wollen die Gruppe nicht stören. Versichere ihnen daher, dass die ganze Gruppe etwas davon hat, wenn sie es mitteilen. Wenn du aber das Gefühl hast, dass jemand zu nervös ist, gib ihm die Option, es nicht mitzuteilen. Es ist keine Pflicht.
- Oft will man den eigenen Augen nicht trauen – frage daher immer wieder bei den Leuten nach, ob sie etwas gesehen haben, von dem sie nicht sicher sind, ob es real ist oder nicht.
- Lass die Leute auch während der Meditation erzählen – du wirst ein Gefühl dafür bekommen, wann du "cool" sagst und mit der Meditation weitermachst und wann du die Meditation unterbrichst, um die weiteren Entwicklungen zu beobachten.

Verpasst nicht die konventionellen Phänomene am Nachthimmel

- Sternbilder, Sterne, Planeten, Internationale Raumstation, Hubble-Teleskop, Nordlichter
- Milchstraße: In der Tiefe der Natur kann man die fantastische Milchstraße am besten sehen.
- Atmosphären-Spiegelungen: Sterne am Rande des Horizonts scheinen durch Schichten der wirbelnden Luft der Erde zu "funkeln". Hierzu ein Video, das die faszinierenden Effekte der Refraktion von Sonne und Sternen zeigt.
- https://vimeo.com/188149183

Wikinger segeln unter den Nordlichtern,
Gerhard Munthe, 1899

"Warum sind manche UFO-Sichtungen so fragwürdig? Warum sollten sie nicht super offensichtlich sein? Was hat es mit diesem „vermeintlich" auf sich?"

Wir glauben, dass Einstiegssichtungen schwer zu erkennen sein sollen. Für uns ist das sehr nachvollziehbar. Die meisten von uns haben eine tief verwurzelte Angst vor "Aliens". Etwas zu sehen und sich zu fragen, ob es möglicherweise von Menschen gemacht, ein Naturphänomen oder vielleicht ein UFO ist, macht nicht viel Angst. Einstiegssichtungen dienen auch noch einem anderen Zweck: Sie sind eine Brücke in den Glauben. War es möglicherweise das, was ich dachte, dass es war? Könnte ich glauben, dass es ein UFO sein könnte? Es hilft dir, „über den Tellerrand" hinauszusehen und öffnet dich sacht für das Ganze. Es sortiert auch die Leute aus, die nicht bereit sind – sie tun es einfach ab und denken nicht weiter darüber nach. Eine große Gruppe unterschiedlicher Menschen kann also das Gleiche sehen und trotzdem sehr unterschiedlich interpretieren. Im Leben geht es immer darum, verschiedene Erfahrungen zu machen und die Realität zu erschaffen, die wir uns zu schaffen entscheiden. Einstiegssichtungen lassen zu, dass jeder für sich selbst entscheidet.

"Warum bekommen manche Menschen etwas zu sehen und ich nicht?"

Es passiert oft, dass Leute auf genau dieselbe Stelle am Himmel sehen, wobei einer einen sehr hellen Blitz sieht, der immer wieder aufflackert, und ein anderer neben ihm absolut gar nichts sehen kann. Oder man sieht nix und du verlässt die CE-5 und ein paar Leute, die noch bleiben, sehen etwas, direkt nachdem du gegangen bist. Super nervig. Aber so ist es nun mal. Vielleicht bist du nicht bereit, vielleicht ist es einfach nicht der richtige Zeitpunkt für dich, oder vielleicht hast du geblinzelt.

Denke daran, dass ein Hund Dinge hören kann, die wir nicht hören können. Beim Sehen ist es ebenso: Unsere physischen Augen können nur einen winzigen Bereich (ca. 0,0035%) dessen sehen, was auf dem elektromagnetischen Spektrum existiert. Im Bezug auf UFOs ist die Realität, aus der ET stammen und in der sie normalerweise existieren, eine andere als die unsere und die meisten von uns können nicht so hoch auf der Schwingungsskala sehen. Also müssen sie sich „abschwingen" oder wir uns „aufschwingen". Du kannst deine Bandbreite erweitern, wie viele es getan haben. Mit Intention und Wachstum wirst du Dinge sehen, die du vorher noch nicht sehen konntest. Ich war früher neidisch auf jemanden in der Gruppe, der immer Lichter und Kugeln um sich herum sah. Jetzt sehe ich selbst dauernd Funken und kleine 'Blitzlichter' um mich herum. Mit der Zeit kann das jeder erreichen. Versuche, dich für die zu freuen, auf die du neidisch bist, wenn sie etwas gesehen haben, was du auch gerne gesehen hättest.

"Habe ich mir das nur eingebildet?" Vielleicht, vielleicht auch nicht. Es lohnt sich, es der Gruppe zu berichten.

"Aber vielleicht war es ein Trick des Auges?" Vielleicht, vielleicht auch nicht. Es lohnt sich immer noch, es der Gruppe zu berichten.

Anmerkung für Gruppenleiter: Du solltest dich wirklich in deiner anweisenden Stimme üben. Ich habe Dinge gesehen und laut mit mir selbst geredet und gedacht, dass wir alle dabei waren, eine Gruppenerfahrung zu machen, und später fand ich heraus, dass mir niemand zuhörte und die meisten in der Gruppe deshalb *die* Sichtung der Nacht verpassten! Übernimm das Kommando: Stelle direkte Fragen und bekomme Antworten: "*Schau mal da!*"- "*Wer hat das gesehen?*" – „*Behalte das Licht im Auge - daran ist etwas anders.*" Mit zunehmender Praxis bekommst du ein Gespür dafür, was der Aufmerksamkeit wert ist.

MEDITATIONEN

Meditieren hat viele wissenschaftlich verifizierte Vorteile:

- Entspannung & Beruhigung
- Sie reduziert Stress, Angst, Depression, Schmerzen oder Schlaflosigkeit
- Erhöht die Fähigkeit, klarer und schneller zu denken
- Verdickt die Großhirnrinde, was Gedächtnis und Konzentration fördert
- Erhöht die Fähigkeit kognitiver Wahrnehmung
- Stärkt die Telomere in der DNA, die für Langlebigkeit verantwortlich sind
- Schafft neue Neuronen (bis zu 30.000/Monat, ein Turbo für Gehirnleistung)
- Vergrößert das Gehirnvolumen (Gehirne schrumpfen normalerweise mit dem Alter)
- Verkleinert die Amygdala, den Kampf- oder Flucht-Teil des Gehirns (wow!)

Meditieren und CE-5
Meditieren hilft, dich mit dem Ein-Geist-Bewusstsein zu verbinden. Wenn du leer wirst (bzw. dich mit allem verbindest – je nachdem, wie du es sehen möchtest), befindest du dich in einem reinen Bewusstseinszustand, der nicht durch Raum oder Zeit begrenzt ist, wodurch eine Kommunikation mit allem zu jeder Zeit und an jedem Ort möglich ist. Die Meditation dient zudem als Werkzeug, um den Kanal freizumachen und das "Affenhirn" zu bändigen, sodass zufällige Gedanken aus- oder eingehende Botschaften nicht stören oder verzerren. Je mehr du also meditierst, desto besser kannst du telepathisch mit unseren Sternenfreunden kommunizieren. Wir empfehlen während eines CE-5 mindestens eine Meditation bei geschlossenen Augen, um uns innerlich zu fokussieren und in das Ein-Geist-Bewusstsein zu kommen.

Was dieses Kapitel beinhaltet
Dieses Kapitel bietet einigeBeispiele für Meditationen und Gruppenübungen von Mitwirkenden aus der ganzen Welt. Du kannst dieses Handbuch mit ins Feld nehmen und deiner Gruppe daraus laut vorlesen.

Aufgezeichnete Meditationen abspielen
Du kannst Meditationen für alle auf einem Gerät abspielen. (So kannst du selbst auch mitmachen.) Es gibt Meditationen auf der "ET Contact Tool"-App, und du kannst alle YouTube-Videos online in mp3 umwandeln, indem du auf Google nach einem Konverter suchst (wie https://ytmp3.com/).

Gruppen-Channeling:
Ein Mitglied bei uns hatte das Glück, mit Sixto Paz Wells auf eine Energieaktivierungsreise nach Ägypten zu gehen. Er bat Sixto um Ratschläge für CE-5 und Sixto sagte, dass man unbedingt lernen müsse, den ET-Kontakt über die Gruppe zu channeln. Dazu schlug er vor, gemeinsam mit der Intention zu meditieren, Botschaften zu empfangen. Teilt dann nach der Meditation die Erfahrungen miteinander. Wenn jemand eine Botschaft empfängt, die klar und direkt ist, könnte das eine Kommunikation sein. Wenn mehrere die gleiche Information erhalten, wisst ihr, dass ihr eine bestätigte Botschaft habt. Die Botschaften sind immer positiv und nie eine Warnung oder zu einer Katastrophe.

Deine Meditationen
Bevor du dir die Besipielmeditationen in diesem Abschnitt ansiehst, bedenke bitte, dass die beste Meditation eine ist, die aus dem eigenen Herzen kommt. Es ist einfach, sich eine eigene Meditation auszudenken. Du kannst sie vorher aufschreiben oder ganz spontan mit der Gruppe ausdenken. Da es bei einer Meditation viele Pausen für die Atmung und die Kultivation einer schön entspannten Schwingung gibt, hat man genug Zeit um nachzudenken, was man als nächstes sagt. Wenn es nicht ganz flüssig ist oder du etwas verpatzt, könnt ihr alle lachen, was ebenfalls hilft, die richtige Atmosphäre zu schaffen.

So funktioniert das Meditieren

Meditation ist einfach. Sie ist nur FOKUS. Fokussieren kannst du dich auf:

- Musik
- Klang
- Intention
- Leere
- Verbindung zu allem
- Mantras
- Atmung
- Ein Gefühl, wie Wertschätzung
- Einen Teil des Körpers, wie das Herzzentrum
- Die blaue Lichtessenz deiner selbst vor deinem dritten Auge
- Einatmen von Prana-Energie und Ausatmen durch den Körper

Beginne erst einmal mit 5 Minuten täglich für einen Monat und steigere dich dann auf 2 x 5 Minuten/Tag. Steigere dich auf 2 x 15 Minuten/Tag. Besonders an stressigen Tagen heißt es konsequent zu bleiben: Setze dich hin, und wenn es auch nur 5 Minuten sind. 5 Minuten am Tag sind besser als einmal 20 Minuten die Woche. Nicht entmutigen lassen, wenn du nicht sofort eine Veränderung oder Wirkung spürst. Es braucht Zeit, sich daran zu gewöhnen. Versuche es mit binauralen Beats, um deinem Gehirn zu helfen, sich in eine tiefe Meditation zu entspannen. Es gibt auch Alternativen zur Meditation wie z. B. Malen, Spazierengehen, Musik hören oder Autofahren. Wenn Meditation einfach nicht dein Ding ist, so ist das auch in Ordnung. Sie ist zwar sehr nützlich, aber nicht unverzichtbar.

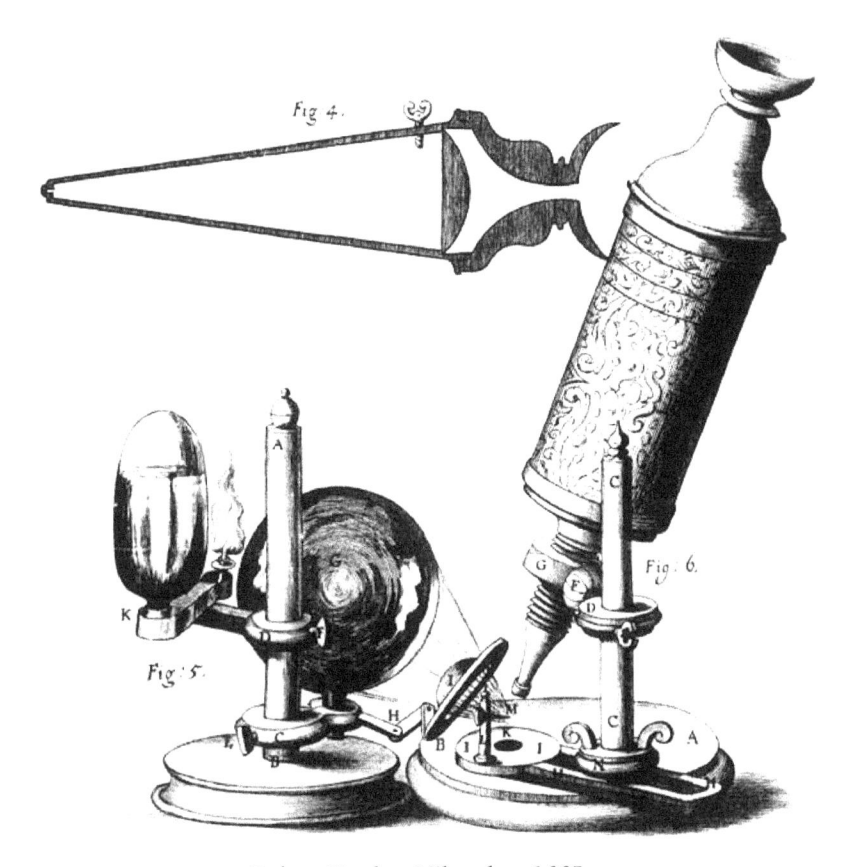

Robert Hookes Mikroskop 1665

"Es gibt weit mehr Beweise
dafür, dass
Gruppenmeditation
einen Krieg abschalten kann
wie ein Lichtschalter,
als es Beweise dafür gibt,
dass Aspirin
Kopfschmerzen lindert."

—John Hagelin

Der Gruppenvorteil

Einer der Gründe, warum CE-5 so gut funktioniert, ist das Phänomen der Gruppenmeditation. Es gibt mehrere Studien, die belegen, dass Gruppenmeditationen sehr starke Effekte erzeugen. Es wurde gezeigt, dass Gruppenmeditation (auch als Maharishi-Effekt bekannt) während der Sitzung die Kriminalität, Selbstmorde und sogar Todesfälle in der Umgebung um 13%-82% sinken lässt (Mittelwert ist +70%).

Dr. John Hagelin, Quantenphysiker und Präsident der Maharishi University of Management in Fairfield, Iowa, sagt dazu:

> "Mehr als fünfzig Testprojekte und dreiundzwanzig Studien, die in führenden Fachzeitschriften veröffentlicht wurden, haben gezeigt, dass dieser neue, bewusstseinsbasierte Ansatz zum Weltfrieden die ethnischen, politischen und religiösen Spannungen in der Gesellschaft neutralisiert, die zu Verbrechen, Gewalt, Terrorismus und Krieg führen. Der Ansatz wurde auf lokaler, staatlicher, nationaler und internationaler Ebene getestet und hat jedes Mal zu nahezu gleichen Ergebnissen und hochsignifikanten Rückgängen bei negativen sozialen Trends und zu Verbesserungen bei positiven Trends geführt. Große Gruppen von friedensschaffenden Experten, die diese Technologien des Bewusstseins gemeinsam praktizieren, tauchen tief in sich selbst ein zur grundlegendsten Ebene von Geist und Materie, welche die Physik das vereinheitlichte Feld nennt. Von dieser Ebene des Lebens aus erzeugen sie eine Flutwelle von Harmonie und Zusammenhalt, welche die Gesellschaft dauerhaft zum Besseren verändern kann, wie die Forschung bestätigt. Und dieser bewußtseinsbasierte Ansatz ist ganzheitlich, einfach zu implementieren, nicht-invasiv und kostengünstig." (Siehe http://www.permanentpeace.org für weitere Informationen.)

Sonntags-Meditationen

Es gibt weltweit viele Gruppen, die sonntags meditieren und einen friedlichen Wandel für den Planeten visualisieren. Hier ein paar Links zu solchen Gruppen:

http://www.globalunitymeditation.com/
https://www.facebook.com/groups/128179887330632/ (Wir leiten diese Gruppe!)
http://2012portal.blogspot.com/2016/08/make-this-viral-weekly-ascension.html

Mehr dazu:

http://www.worldpeacegroup.org/washington_crime_study.html
http://thespiritscience.net/2015/06/18/studies-show-group-meditation-lowers-crime-suicide-deaths-in-surrounding-areas/
https://www.thewayofmeditation.com.au/scientific-evidence-mass-meditation-can-reduce-war-and-terrorism
https://www.youtube.com/watch?time_continue=36&v=wJ0O1FTn9RQ

Wir möchten auch erwähnen, dass die Zahl der Gruppen, die Meditationssitzungen auf der ganzen Welt abhalten, wächst. Wenn Köpfe und Herzen gemeinsam auf Frieden ausgerichtet sind – auf Tierliebe, internationale Harmonie, gegenseitigen Respekt, Erhaltung der Umwelt, Wohlstand für alle, was auch immer du dir für deine Welt wünschst – wird die Energie potenziert und bringt die Manifestation dieser Ideale jeden Tag näher. Der Wert des Gebets und die direkte oder indirekte Teilnahme an Meditationsgruppen kann nicht hoch genug eingeschätzt werden.

— Matthews Botschaften, 14. Februar 2018

Visionen einer neuen Welt (Dr. Greer)

Haltet euch an den Händen und seht, dass sich ein perfekter Kreis aus Licht gebildet hat. Spürt den tiefen Frieden in euch, die Stille und Ruhe. Werdet euch innerlich bewusst, dass es ein transdimensionales interstellares Raumschiff gibt, das uns umgibt und dass wir uns in ihm befinden. Es gibt außerirdische Wesen, die mit uns meditieren, und wir sehen diesen wunderschönen Ring aus Licht, während wir uns gegenseitig halten. Unter uns sind ET-Lebensformen, die jenseits des Kreuzungspunktes des Lichts stehen und sich mit uns an den Händen halten. Während wir gemeinsam in diesen reinen Zustand der Stille gehen, sehen wir tief in jedem von uns eine Quelle reinen Lichts: zu Licht gewordenes Bewusstsein. Es steigt durch unsere Chakren auf, ermächtigt durch das Licht der Erde und die Kraft von Gaia, und es erreicht unsere Herz-Ebene und dann steigt es hinauf zu unserem Kronen-Chakra und stößt nach oben in den Raum über uns. Es bildet eine perfekte Säule aus Licht. Zuerst projiziert jeder von uns seine eigene, individuelle Säule und dann verschmelzen die Säulen zu einer, und diese Lichtsäule kreist von links nach rechts um den Kreis herum und wird zu einem einzigen massiven Strahl himmlischen Lichts, der nach oben in den Raum geht und die Stratosphäre durchdringt. Das Licht breitet sich aus – unser Licht und das Gute in der Erde und der Menschheit und unser volles Potential der Erleuchtung breitet sich von diesem Ort zu jedem Stern und jeder Galaxie und jeder intelligenten Lebensform im Kosmos aus. Wir bitten den Großen Geist, der unendlich und grenzenlos ist, diesem wunderbaren Lichtstrahl zu ermöglichen, ein Wegweiser für Zivilisationen zu sein, die zu interstellaren Reisen fähig sind, um zu diesem Ort auf der Erde zu kommen. Schließlich sehen wir, wie dieser Lichtstrahl in ein riesiges interstellares Zentrum eintritt. Es hat einen Durchmesser von Tausenden von Meilen im tiefen Raum. Hier versammeln sich seit Jahrmillionen, seit undenklichen Zeiten die Botschafter anderer Zivilisationen. Wir sehen, dass sie uns deutlich sehen, so wie wir sie in unserem eigenen Geist sehen. Wir bitten sie, sich uns hier anzuschließen, und in ihrer Gedankenessenz tun sie es. Wir sehen, dass sie durch uns ein kosmisches Licht zurücksenden, das aus dem Zenit des Himmels in diesen schönen Kreis von Menschen und durch uns auf die Erde kommt, und die Erde ertönt wie eine Glocke. Mit der Resonanz dieses kosmischen Lichts erreicht es jeden Mann – jede Frau – jedes Kind auf der Erde und sie sehen eine neue Vision einer neuen Welt, die sich aus uns heraus auf der physischen Erde manifestiert. Wir bitten den Großen Geist dann für jeden Mann – jede Frau – jedes Kind auf der Erde, dass ihr Herz und ihr Verstand und ihre Essenz und ihr Geist zu den einfachen Wahrheiten erweckt werden, dass wir ein Volk im Kosmos sind und es für uns an der Zeit ist, in die universelle Zivilisation und den endlosen Frieden einzutreten. Wir sehen all die Geheimnisse, die der Menschheit vorenthalten wurden, enthüllt. Die wundersamen Technologien, welche die Erde in einen Rosengarten des Friedens und der Fülle verwandeln könnten, werden zum Wohle der Menschheit hervorgebracht. Wir sehen all jene Kräfte auf der Erde, die rückschrittlich sind oder sich dem widersetzen, durch die Schönheit dieser Vision transformiert. Jetzt sehen wir, wie dieses Licht stärker wird und wir sehen in unserem Geist und in unserer Vision eine neue Welt kristallisiert. Es wird eine endlose und ununterbrochene Zeit des Friedens für Hunderttausende von Jahren sein. Während es zunächst ein äußerer Friede sein kann, wird er sich in Wirklichkeit zum Zeitalter der Erleuchtung entwickeln und im Laufe der Zeit wird jedes Kind, das auf der Erde geboren wird, im kosmischen Bewusstsein geboren werden und sich somit im Gottesbewusstsein und im universellen Einheitsbewusstsein entwickeln. Wenn sich die Menschheit auf diese Weise entwickelt, sehen wir, dass wir zu Botschaftern auf anderen Planeten werden und die Erleuchtung von der Erde aus verbreiten, so wie die Erleuchtung von den Alten vor uns auf die Erde gebracht wurde. Unsere Herzen sind erfüllt von Freude über diese Vision und wir bitten den Großen Geist, uns dabei zu helfen, und wir laden diese interstellaren Zivilisationen, die geduldig auf unsere Ankunft warten, ein, uns zu unterstützen, so wie wir geloben, ihnen zu helfen. Die Kinder auf der Erde werden die Eintrittspunkte für die Kanäle sein, durch die sich dieses Wissen und diese Vision und Realität auf der Erde manifestiert. Und so bitten wir den Großen Geist, dass diese schöne Zeit, von der wir in unseren Herzen wissen, dass sie die Bestimmung der Menschheit ist, hervorgebracht wird. Wir widmen uns miteinander und mit der Erde und mit dem Weltraum und mit all diesen Besuchern, unseren Brüdern und Schwestern von jedem Sternensystem, der Schaffung einer neuen Welt, und wir sehen, dass sie eigentlich schon geboren ist, im Reich der Ideen, und sie ist bereit, manifestiert zu werden, was unser Handeln erfordert. Mit etwas Anstrengung unsererseits also, unterstützt durch das Große Wesen und die unsichtbaren Reiche und die geistige Welt und diese interstellaren Zivilisationen, wird das, was unmöglich erscheint, unvermeidlich. Wir werden sehen, wie es sich innerhalb unserer Lebenszeit manifestiert, und unsere Herzen sind mit Liebe und Freude über die Vision einer neuen Welt erfüllt. Namaste.

Globale CE-5 Initiative (Kosta)

1. Führe diesen ET-Kontakt zu jeder Zeit und überall dort durch, wo es bequem, komfortabel und sicher für dich ist.

2. Wähle den Ort und die Menschen, von denen du denkst, dass sie mit dieser koodinierten Bemühung kompatibel sind und ihr respektvoll und begeistert gegenüberstehen. Als "Schwingungswesen" können Angst oder andere starke Emotionen unsere Ergebnisse beeinflussen.* Bringt euer Wohlwollen, eure Liebe, Freude und Offenheit in diese Erfahrung mit. Die ET werden eure edlen, positiven Schwingungen "aufschnappen". Du kannst dies auch alleine machen.

3. Verbinde dich Herz-zu-Herz mit Mitgliedern in deiner Gruppe. Lasst die Energie der Liebe frei fließen.

4. Visualisiert eine Sphäre der Liebe in die Mitte eures Kreises, mit der jedes eurer Herzen verbunden ist. Sendet diese Säule der Liebesenergie hoch in den Himmel als ein strahlendes, lebendiges Leuchtfeuer für unsere Sternenfreunde.

5. Wenn ihr in die Meditation geht, verbindet euch in eurer Vorstellung Herz-zu-Herz mit all den anderen globalen ET-Gruppen, die überall auf der Welt dazustoßen. Dann schließt mit Liebe auch unsere Sternenfreunde ein, während ihr sie einladet und zu eurem Standort leitet. Ihr könnt sie zu eurem Standort führen, indem ihr euer Bewusstsein zu ihnen hinausprojiziert und visualisiert, wie man vom Standort unserer Sonne in unserem Sonnensystem zu unserer Erde reist. Während ihr in der Vorstellung immer näher kommt, zoomt immer näher an euren Standort auf der Oberfläche heran. Zeigt ihnen die Bilder, wo ihr zu finden seid!

6. FRAGT unsere ET-Freunde gedanklich und mit dem Herzen, was ihr und wir gemeinsam mit ihnen zur Heilung unserer Erde beitragen könnten. Ladet sie ein, sich mehr in unsere menschlichen Probleme einzubringen und erkennt dabei an, dass es dennoch in der Verantwortung der Menschheit liegt, ihre Probleme zu lösen.

7. Denkt daran, dass ET-Kontakte viele Formen haben können. Es kann sich um eine Sichtung eines Raumschiffs handeln, einen luziden Traum, eine telepathische Botschaft, eine Berührung an der Schulter oder am Knie, seltsame elektrische Phänomene mit Kommunikationsgeräten oder Lichtern und vieles mehr.

8. Und bitte fügt eure Erfahrungen des CE-5-Ereignisses dem ETLet'sTalk-Berichtsarchiv hinzu!

*HINWEIS: Wie ihr an eure CE-5-Erfahrung herangeht, ist ENTSCHEIDEND. Wenn ihr eine Haltung von Angst, tiefer Skepsis, Feindseligkeit, Engstirnigkeit habt... dann stehen die Chancen gut, dass ihr bei der Kontaktaufnahme scheitern werdet.

Universelles Eins

Schließe die Augen und atme dreimal tief ein, wobei du jedes Mal mit einem Seufzer ausatmest.

Konzentriere dich weiterhin auf deinen Atem: Atme mit jedem Einatmen die Lichtenergie ein, die dich umgibt. Bei jedem Ausatmen lasse alle Sorgen des Tages, den Kampf ums Überleben, all den Stress und die Negativität los... Es gibt nichts zu tun, nirgendwo hinzugehen, niemanden zu beeindrucken. Atme Frieden ein, atme das Loslassen aus.

Höre auf den Wind in den Bäumen (oder das Brummen des Verkehrs, das Summen der Elektrizität, je nachdem, wo du bist). Erweitere dein Bewusstsein nach außen und schließe deine Freunde neben dir, die Bäume und Tiere um dich herum, die Menschen in den Autos auf der Autobahn dahinter, die geschäftigen Städte und weit entfernten Länder mit ein. Du bist jeder Mensch und jedes Ding und du kannst fühlen, wie es ist, auf der Autobahn zu fahren, ein Kind zu sein, das im Park spielt, oder das Rascheln deiner Blätter in deiner Baumkrone zu spüren.

Dein Bewusstsein dehnt sich weiter aus, schließt weite Landstriche und Ozeane ein, bis in den Weltraum, der unser Sonnensystem und die Unendlichkeit umfasst, wo du das tiefe Brummen der Planeten hören, die sich um ihre Sonnen drehen, Galaxien spüren, die sich drehen, und sanfte farbige Nebelwolken sehen kannst. Du bist weiter, tiefer Raum ... du bist die Wunder der Natur: Planeten, Monde und Sterne, Wälder, Wasserfälle und Gezeiten, Bewohner von Welten. Höre sowohl den Wind in den Bäumen in der Nähe als auch die Musik des Universums. Du bist alles und jeder.

Bringe dieses Bewusstsein in den Raum direkt vor deinem dritten Auge. Lege deine Persönlichkeit, Individualität, die Ablenkungen deiner Umgebung, deiner Gedanken ab. Du bist in der Leere, schwebend in der Dunkelheit. Du bist ursprüngliches Bewusstsein. Du fühlst den Frieden der unendlichen Liebe ... du bist die ultimative Realität, die Glückseligkeit ist.

Gedanken und Bilder mögen hervorkommen und du lässt sie los und kehrst zu diesem einen Punkt von Fokus und Bewusstsein zurück. Du bist zu dem einzigen Punkt der Bewusstheit geworden, welche die gleiche Bewusstheit ist, die jeder andere Mensch auf der Erde, jedes andere wache und bewusste Wesen empfindet. Du entspannst dich in dieses ruhige Bewusstsein hinein, während es dich ausgleicht und mit dem universellen Einssein verbindet.

Meditationen

Jeder Moment ist eine Meditation (Matt Maribona)

Matt entdeckte viele Jahre, bevor er die CE-5-Gemeinschaft fand, wie er selbst Kontakt mit ET aufnehmen konnte. Sein Beispiel zeigt, dass jeder von uns seinen eigenen, einzigartigen Weg zum Kontakt finden kann.

CE-5 ist nicht nur ein Begriff; es ist eine Praxis der Liebe, der Zusammengehörigkeit und der Integrität. Bei CE-5 geht es darum, das einzigartige, liebevolle und freudige DU zu sein. CE-5 ist nur der Anfang einer fantastischen Reise, die helfen wird, die Welt, wie wir sie kennen, zu verändern. CE-5-Meditation sollte keinen Anfang und kein Ende haben. Bei CE-5 geht es einfach um das Sein. Dort draußen im Universum gibt es eine unendliche Möglichkeit an Wundern. Innerhalb der Galaxien, Sterne und Planeten gibt es andere einzigartige, liebevolle und freudige Wesen genau wie uns, die einfach nur sind. Sie sind dort draußen und warten darauf, dass wir erkennen, wie besonders unsere Welt und alles Leben wirklich ist. SIE kommen aus der ganzen Weite der Möglichkeiten, um uns ein großes Licht zu schenken. Alles, was wir tun müssen, ist, uns zusammenzutun und dieses Licht auf unsere Welt und uns selbst scheinen zu lassen. Jeden Tag, wenn wir aufwachen, sollten wir Gutes in unser Leben manifestieren. Unsere Gedanken sind sehr mächtig und können dazu benutzt werden, die Realität zu erschaffen, in der wir leben wollen. Alles ist Bewusstsein. Wir erschaffen unsere eigenen Realitäten mit diesen Gedanken. Wir sind im Grunde das, was wir denken. Als eine Spezies können wir kollektiv eine Welt erschaffen, welche die Liebe zu allen Dingen respektiert. Es beginnt mit DIR.

Über den Tag hinweg und in uns selbst sollten wir die Veränderung sein, die wir in der Welt sehen wollen. Wir müssen gut zueinander sein. Wir müssen uns um unsere Welt kümmern und die Verantwortung für unser Handeln übernehmen. Lächele öfter, reiche einem Fremden die Hand, tue gute Taten, trage die Hoffnung überall hin, zeige Liebe zu allem. Diese Welt ist ein Paradies und alles ist uns gegeben. Das Getrenntsein hält uns zurück. Das Getrenntsein von uns selbst, einander, der Welt und dem Universum. Wir werden geliebt und alles, was wir tun müssen, ist einfach zu sein. Am Ende des Tages, wenn die Sterne hervorkommen, um für dich zu leuchten, brauchst du nur zu sagen: "Hallo, ich bin hier wegen der Liebe und der Hoffnung." Das Herz, das in dir schlägt, ist alles, was zählt. Wenn du diesen Herzmittelpunkt gefunden hast, brauchst du nur noch aufzuschauen und zu sagen: "Hier bin ich, möchtest du dich mir anschließen?" Das ist alles! Wenn du Kontakt aufnimmst, wirst du sehen, dass Liebe alles ist, was zählt und dass alles, was mit Liebe getan wird, mit der besten Intention, einem offenen Geist und einem offenen Herzen getan wird. Je mehr da sind, die von der gleichen Frequenz und Schwingung sind, desto tiefgreifender werden die Erfahrungen sein. Sie warten da draußen auf uns, in diesem Moment, während du dies liest. Du wirst geliebt. Gib ihnen etwas Liebe zurück. Tut es gemeinsam. Seid einfach.

Goldenes Zeitalter

Atmet mindestens dreimal tief ein und lasst all den Stress und die Sorgen eures täglichen Lebens los. Erdet euch und spürt eure Verbindung zur Vielfalt von Gaia, der Menschheit, allen Wesen im Universum und zur Quelle. Nehmt euch ein paar Augenblicke Zeit, euch zu zentrieren und in euer wahres Selbst zu kommen.

Verbindet nun Geist und Herz mit allen in der Gruppe. Stellt euch die Evolution und das Fortschreiten der Menschheit vor. Spürt euer Bewusstsein für die Welt, wie sie jetzt ist, vorbereitet auf die kommende Utopie. Es ist ein Geschenk und eine Ehre, zu dieser Zeit in menschlicher Form auf diesem Planeten zu sein. Seht vor eurem geistigen Auge den kontinuierlichen Fortschritt des angebrochenen neuen Zeitalters vor euch. Seht, wie korrupte Führer und Manipulatoren der Welt friedlich abtreten und für ihre Taten zur Rechenschaft gezogen werden. Seht, wie die populären Medien aus dem Kontrollgriff befreit werden und wichtige Informationen für alle freigeben. Werdet Zeugen der langsamen und stetigen Enthüllung der Anwesenheit unserer Sternenfamilie. Freut euch zu sehen, wie Hoffnung und Erleichterung auf den Gesichtern aller Menschen aufleuchten, wenn sie erkennen, dass wir nicht allein sind. Seht, nachdem die kritische Masse der Menschen diese neue Realität akzeptiert und annimmt, wie Wissenschaftler unbehelligt arbeiten und die uns bereits geschenkten Technologien umsetzen, um freie Energie in der Welt zu verbreiten. Seht die Welt in Harmonie und Liebe gebadet. Erfreut euch an der Fülle und dem Frieden, die für alle verfügbar sein werden.

Stellt euch vor, was ihr in dieser neuen Welt tun werdet. Stellt euch vor, wie Kriegsgefangene freigelassen... Sklaven befreit... Krankheiten geheilt... die Hungrigen gespeist werden... freie Energie für alle zur Verfügung steht... Kommunikation mit Wesen aus anderen Welten... wie euer Zuhause aussehen wird... wie euer persönliches Raumschiff aussehen wird... Reisen zu den Sternen oder rund um den Globus... wie euer Tag aussieht... wo ihr eure Energien für die Arbeit einsetzt... was ihr zum Vergnügen tut... richtet euren geistigen Fokus auf das, was euer Herz entflammt!

Öffnet euch, um Inspiration von eurem höheren Selbst zu hören, mit welchen Maßnahmen ihr diese Veränderung erleichtern könnt. Horcht einen Moment lang nach Führung, wie ihr am effektivsten an diesem freudvollen Prozess teilnehmen könnt.

Wisst, dass diese wunderbare Vision der Zukunft kommen wird; es ist nur eine Frage des Zeitpunkts. Beschwört Gefühle der Wertschätzung und des Friedens für diese Realität herauf, die bereits im zeitlosen Fluss existiert.

Treffen mit einem Wesen

Schaffe die Intention in der Gruppe zu einer Meditation, in der ihr einem Wesen begegnet, als Vorbereitung für einen eventuellen Kontakt von Angesicht zu Angesicht. Lass die Gruppe darüber nachdenken, welche Art von Wesen sie gerne treffen würde: Menschenähnlich? Nicht menschenähnlich? Einige zur Auswahl: Plejadier, Nordics, Apunier, Hathoren, Löwenwesen, Arkturianer, Vogelwesen, wohlwollende Greys und Reptilianer, etc.

Alternativ könnt ihr auch Mitglieder des ET-Teams treffen, das eurer CE-5-Gruppe zugeteilt ist, oder ihren persönlichen ET-Abgesandten.
(Trivia: Paul Hellyer, einer der früheren Verteidigungsminister Kanadas, sagt, dass es 82 außerirdische Spezies gibt, von denen bekannt ist, dass sie die Erde besucht haben).

Eröffne die Meditation mit jeder Art von Atem- oder Entspannungsübung. Du kannst eine Muskelanspannungs- und -entspannungsübung durchführen, oder du kannst die Visualisierung verwenden, dass man in einen Aufzug steigt und zehn Stockwerke herunterzählt, wobei man mit jeder passierten Etage entspannter wird. Es ist besonders wichtig, während dieser Meditation so entspannt wie möglich zu bleiben, also nimm dir Zeit für diesen Teil – lass ihn etwa über die Hälfte der Meditation laufen. Das Ziel ist es, so entspannt zu werden wie in dem Zustand, in dem wir alle kurz vor dem Aufwachen sind: Oft ist das der entspannteste Moment unseres Tages.

Sobald du alle in der Gruppe in einen tief entspannten Zustand gebracht hast, lasse jeden einen sicheren Ort erschaffen, an dem er oder sie gerne ein außerirdisches Wesen treffen würde. Es könnte ein heiliger Ort sein, ein Park, eine Wiese, der Strand sein, an dem Jodi Foster ihren "Papa" in dem Film *Contact* traf, eine galaktische Raumstation usw. Wenn du die Fahrstuhltechnik verwendest, lass die Türen zu diesem sicheren Ort aufgehen. Während jeder seinen Ort betritt, lasse sie die Details herausarbeiten: die Anblicke, die Geräusche, die Gerüche, den Boden unter ihren Füßen. Lass sie zu dem Ort gehen, an dem sie das Wesen treffen werden.
Lass jeden seine Einladung so gestalten, wie er oder sie es möchte: ein Telefonanruf, ein telepathischer Ruf, eine schriftliche Einladung, eine E-Mail usw. Visualisiert, wie das Wesen die Nachricht erhält und sich auf den Weg begibt.

Stelle dir nun die erste Ebene des Kontakts vor. Ist es der Anblick eines weit entfernten Raumschiffs? Siehst du das Wesen am Ende des Strandes stehen? Verarbeite das einen Moment lang. Gewöhne dich daran, atme weiter und fühle dich tief entspannt.

Lass die Gruppe nun das Wesen bitten, näher zu kommen. Gib der Gruppe etwa fünf Minuten Zeit, sich mit diesem Wesen in dem Tempo zu verbinden, das für jeden am angenehmsten ist. Erinnere sie daran, ihren Zustand der tiefen Entspannung weiter zu kultivieren. Weise die Gruppe darauf hin, dass jeder einzelne die Kontrolle über diese Interaktion hat und dass sie das Wesen jederzeit bitten können, näher zu kommen oder sich zurückzuziehen. Sag ihnen, sollten Angst oder Unbehagen auftauchen, in diese Gefühle hineinzuatmen und zuzulassen, dass diese Gefühle wegschmelzen und durch Vertrauen, Liebe und Wertschätzung ersetzt werden.

Nach Ablauf der Zeit bitte die Gruppe, ihre Kommunikation mit dem Wesen abzuschließen.

Lass sie dem Wesen danken und dessen Antwort zuhören. Während das Wesen sich entfernt, erinnere die Gruppe daran, weiter im Gefühl der Entspannung zu verweilen. Bitte sie, darauf zu achten, wie sie sich fühlen: Sind sie beeindruckt von ihrer Fähigkeit, die eigenen Emotionen zu kontrollieren und diese Interaktion zuzulassen? Fühlen sie Wertschätzung für das, was ihrem Gefühl nach eine Vision oder echte Interaktion des Wohlwollens und der Liebe ist? Lass sie in der Wärme dieser Interaktion schwelgen, nachdem das Wesen weg ist.

Hole nun jeden Einzelnen sanft in unsere gemeinsame Realität zurück. Wenn du eine Fahrt mit dem Aufzug gemacht hast, fahre die Stockwerke nun wieder hinauf und lasse sie fühlen, wie sie mit jeder passierten Etage immer wacher werden. Lade die Leute ein, mit den Fingern und Zehen zu wackeln, wenn sie möchten, und/oder ein paar tiefe Atemzüge zu nehmen, während sie sich wieder an euren Standort akklimatisieren.

Die Hathoren unterstützten die Menschen im alten Ägypten. Diese Darstellung stammt von einem Musikinstrument, 664-525 v. Chr.

Schnelle & effektive CE-5-Meditation (Deb Warren)

Diese Meditation findest du unter: https://www.youtube.com/watch?v=spkk6TwWpzg&feature=youtu.be

1. Seht, wie sich eine große goldene Energiekugel am Herz-Chakra bildet, die größer und heller wird, dann bewegt sie sich von links nach rechts um den Kreis herum, gegen den Uhrzeigersinn, und durchläuft dabei das Herz-Chakra jedes Anwesenden. Sie dreht sich schneller und bildet einen goldenen Ring, und die Gruppe beginnt, sich kohärenter zu fühlen, dann dreht sie sich noch schneller und flacht zu einer goldenen Scheibe ab, und wir fühlen uns noch kohärenter – wir sind eine Gruppe, die diese Reise gemeinsam macht.

2. Jetzt beginnen wir als Gruppe ein Mantra zu singen: *Im Na Ma. Im Na Ma, Im Na Ma*, während wir geistig das Merkabah-Tetraeder bilden. Und die Scheibe erscheint nun als ein goldenes ET-Raumschiff, das uns alle umgibt. Es beginnt, mit unseren Astral-/Lichtkörpern sanft nach oben zu schweben und kommt direkt über uns zum Stehen.

3. Und jetzt ... machen wir einen Hyper-Sprung.

4. Wir befinden uns nun in einer geostationären Umlaufbahn, hoch über unserem Standort auf der Erde. Wir können immer noch sehen, wie die Sonne auf den Pazifik im Westen scheint. Wir können auch sheen, wie die Erde sich im Osten in die Dunkelheit dreht. Ein Stück vom Mond kann sichtbar sein [dies alles an deine Region anpassen]. Haltet Ausschau nach dem Planeten Saturn, wie ein sehr heller Stern; er kann sich links [oder rechts] von der Sonne befinden, das ist unser Ziel.

5. Und jetzt... machen wir einen Hyper-Sprung.

6. Wir befinden uns nun über den Ringen des Saturns und können eine große ET-Raumstation in der Umlaufbahn zwischen den Ringen und dem Planeten sehen. Die Station ist 26 Meilen lang und viele Stockwerke hoch. Unser ET-Schiff steuert sanft auf ein riesiges Hangardeck zu. Es gibt viele, viele ET-Schiffe, die dort landen und abheben. Wir betreten den Hangar und suchen nach einem Landungsplatz für unser goldenes Schiff. Wir landen sanft und das goldene Schiff verblasst.

7. Dieser Ort ist wie ein Hauptbahnhof. Er ist voll von vielen, vielen Wesen, die alle kommen und gehen. Niemand scheint unsere Ankunft zu bemerken und wir wissen nicht, wo wir jetzt hingehen sollen.

8. Wir versammeln uns als Gruppe und stehen schweigend da. Wir senden eine telepathische Botschaft: *Wir sind Menschen von der Erde und kommen zum ersten Mal zu dieser Raumstation. Wir brauchen Hilfe. Bitte schickt uns jemanden, der uns führt.*

9. Fast sofort können wir eine Gruppe von ET ausmachen, die sich ihren Weg durch die Menge bahnt. Bald stehen sie direkt vor uns und signalisieren mit einem Finger, dass wir folgen sollen. Wir tun es.

10. Wir werden in einen Nebenraum auf dem Hangardeck geführt, eine Tür schließt sich rauschend und plötzlich ist

der Lärm von draußen nicht mehr zu hören – es ist still. Für jeden von uns gibt es hier mindestens einen ET, mit dem wir interagieren können, es kann aber auch sein, dass es mehr als einen für jeden von uns gibt. Ihr könnt um eine Tour durch die Raumstation bitten, Ihr könnt um Erklärungen bitten und es werden Anzeigegeräte hervorgeholt, die euch helfen zu verstehen. Vielleicht werdet ihr gebeten, für eine Präsentation in einen großen Besprechungsraum zu gehen. Ihr habt nun ein paar Minuten Zeit für diese Erfahrungen und egal, wie zeitaufwendig eure Erfahrung ist, werden diese paar Minuten alle Zeit sein, die ihr braucht.

11. Hinweis an den Gruppenleiter: Warte ein paar Minuten. Du wirst spüren, wenn jeder seine Erfahrung beendet hat, und dann tretet ihr die Rückreise zur Erde an. Stelle sicher, dass auch du eine Erfahrung aus der ET-Raumstation mitnimmst.

12. Wo immer du bist oder was immer du tust, mache es zu deiner Intention, zu der Gruppe zurückzukehren, die auf dem Hangardeck auf dich wartet. Verabschiede dich von den ET, lasse sie deine Dankbarkeit spüren und fühlen, wie erfreut du bist.

13. Wir stehen im Kreis – alle sind nun zurückgekehrt.

14. Seht, wie sich eine große goldene Energiekugel an eurem Herz-Chakra bildet, die immer größer und heller wird, dann bewegt sie sich von links nach rechts um den Kreis, gegen den Uhrzeigersinn, durch das Herz-Chakra aller Anwesenden. Sie dreht sich schneller und bildet einen goldenen Ring, und unsere Gruppe beginnt, sich kohärenter zu fühlen, dann dreht sie sich noch schneller und flacht zu einer goldenen Scheibe ab und wir fühlen uns noch kohärenter.

15. Nun beginnen wir als Gruppe das Mantra zu singen: *Im Na Ma. Im Na Ma. Im Na Ma.* Und die Scheibe formt sich zu einem goldenen ET-Raumschiff, das uns alle umgibt. Es beginnt, sanft nach oben zu schweben und trägt unsere Astral-/Lichtkörper aus dem Hangardeck heraus und kommt über den Ringen des Saturns zum Stehen. Wir halten Ausschau nach dem blassblauen Punkt, der die Erde ist.

16. Und jetzt ... machen wir einen Hypersprung.

17. Wir befinden uns nun wieder in einer geostationären Umlaufbahn direkt über unserem Standort hier auf der Erde, wir sehen erneut die Sonne auf die Erde scheinen, und nun betrachten wir den Standort direkt unter uns.

18. Und jetzt... machen wir einen Hypersprung.

19. Unser goldenes Raumschiff befindet sich genau über unseren physischen Körpern und schwebt nun nach unten und bringt unsere Astral-/Lichtkörper in unsere physischen Körper zurück.

20. Wenn du bereit bist, atme tief ein und öffne die Augen.

21. Alle sollten solange still sein, bis jeder zurückgekehrt ist.

22. Wenn alle wieder zurück sind, lade alle ein, etwas zu ihren Erfahrungen während der Meditation zu sagen. Niemand ist verpflichtet, etwas zu erzählen. Vielleicht möchtest du auch nachfragen, ob jemand in der Gruppe überhaupt keine Erfahrung gemacht hat. Achte beim nächsten Event auf diese Person und sorge dafür, dass sie Teil der Gruppe ist.

Interplanetarer Rat

Aus dem Buch *Evolution Through Contact* von Don Daniels
Um mehr über sein Buch zu erfahren und Zugang zu anderen Ressourcen zu erhalten, besucht Dons Website unter: http://www.becomingacosmiccitizen.com/index.html

---

Sitze bequem auf einem harten oder leicht gepolsterten, relativ aufrechten Stuhl, mit den Füßen auseinander und deinen Händen im Schoß, Handflächen nach unten. Atme mindestens sieben Mal langsam und tief ein und aus und atme dabei so langsam und so tief wie möglich ein, dann so lange anhalten, wie es dir problemlos möglich ist; nun langsam und tief ausatmen und erneut so lange anhalten wie es bequem möglich ist.

Fahre fort und konzentriere dich weiter auf deine Atmung, bis du in einem tief entspannten Zustand bist. Stelle dir nun vor, dass dein Atem oben am Kopf einströmt (wie ein Delfin), durch den ganzen Körper nach unten fließt und beim Ausatmen an der Basis der Wirbelsäule und den Fußsohlen wieder ausströmt. Erlaube deinem Atem, reine Liebe und Mitgefühl einzubringen und atme alle negativen Gedanken und Emotionen aus, sodass du dich mit jedem Atemzug reinigst.

Konzentriere dich nun auf die Pause zwischen den Atemzügen und du wirst merken, dass es in der Pause einen Moment tiefer, profunder Stille gibt. Gehe sanft in diese Stille und erlaube ihr, sich mit jedem Atemzug länger und länger auszudehnen, bis die Stille schließlich den gesamten Atem ausfüllt. Werde dir der Bewusstheit selbst bewusst, nicht der verirrten Geräusche, die du vielleicht hörst, sondern dessen, durch das du in der Lage bist, dieses Geräusch zu hören. Auf diese Weise sind Geräusche keine Ablenkung, sondern einfach ein Anerkennen deiner Verbindung mit der grundlegenden Bewusstheit, die jedes bewusste Wesen im Universum durchdringt. Lasse nun das Geräusch los und konzentriere dich wieder darauf, mit der tiefen, profunden Stille zu kommunizieren, die zwischen den Atemzügen beginnt, denn dies ist deine Verbindung mit dem kosmischen Bewusstsein, dem kollektiven Bewusstsein des Universums selbst.

Stelle dir nun vor, dass du ein Delfin bist, der im Ozean spielt, springt, sich dreht und taucht, einfach aus purer Freude daran. Schwelge in dieser Freude über deine Wahrnehmungen und Freiheit. Tauche tief in das Meer des reinen Bewusstseins ein und schwimme dann so schnell du kannst nach oben, springe in die Luft und fliege einfach immer weiter, schneller und schneller, durch die Atmosphäre, vorbei am Mond, vorbei an unseren Planeten und aus unserem Sonnensystem. Sieh die Sterne schneller und schneller vorbeiziehen, bis du draußen im intergalaktischen Raum bist und all die schönen Galaxien um dich herum betrachtest. Kommuniziere mit der tiefen Stille und bestaune, was für ein wunderschönes Universum der Schöpfer geschaffen hat. Verstehe, wie wir alle durch diese Schöpfung und durch unsere Verbindung mit dem kosmischen Bewusstsein verbunden sind, und wie wir somit alle "Eins" miteinander sind!

Sende nun die Intention aus, dass du den Interplanetarischen Rat besuchen möchtest und erlaube deinem Bewusstsein, dich in die richtige Richtung zu führen. Du kannst mit der Geschwindigkeit des Bewusstseins reisen, also solltest du recht schnell ankommen. Während du dich näherst, registriere die Eindrücke von dem Raumschiff oder Gebäude. Und nun bitte um Erlaubnis, eintreten zu dürfen. Höchstwahrscheinlich wird dich jemand führen oder du findest dich einfach auf einmal im Inneren wieder.

Begrüße alle Führer mit Respekt und Demut, erkläre, dass du als Bürgervertreter der Erde zu Besuch kommst und bitte darum, die Ratskammer besuchen zu dürfen. Tritt dort mit der gleichen Ehrfurcht ein, als ob du an einer Generalversammlung der Vereinten Nationen teilnehmen würdest. Wahrscheinlich wirst du auf die Zuschauergalerie geführt. Nimm von dort aus das Aussehen und die Atmosphäre der Kammer in dich auf. Wie groß ist der Raum, welche Form hat er, wie hoch ist die Decke, wie sehen die Wände aus, aus welchen Materialien scheint er gemacht zu sein? Gibt es einen Tisch oder einen Verhandlungsbereich, wie sieht er aus? Befinden sich Gegenstände auf dem Tisch oder über dem Tisch?

Achte besonders auf die eventuell anwesenden Diplomaten. Welche Eindrücke vermitteln sie dir? Achte auf ihre physische Erscheinung, aber auch auf emotionale Eindrücke oder telepathische Botschaften oder Wahrnehmungen, die du vielleicht erhältst. Vielleicht stellst du fest, dass du mit einem der Diplomaten eine Verbindung herstellst. Biete deine Bereitschaft an, bei der Evolution der Menschheit bis zu dem Punkt mitzuwirken, an dem wir zu galaktischen Bürgern werden können. Werde nun aufnahmebereit dafür, welche Eindrücke du im Gegenzug bekommst.

Bedanke dich nun dafür, dass dir ein Besuch erlaubt war und bereite dich darauf vor, dich zu verabschieden. Erlaube deinem Bewusstsein, sich wieder nach außen zu bewegen und fliege schnell zurück zu unserer Galaxie, unserer Sonne, unserer Erde und zurück in deinen Körper. Dein Bewusstsein kennt den Weg und wird sich nicht verirren. Beginne nun langsam und sanft in dein normales Wachbewusstsein zurückzukehren, wobei du mit jedem Atemzug allmählich wacher wirst.

Mache dir von deinen Eindrücken gleich Notizen, so lange sie noch frisch sind, und lege den Notizblock direkt neben das Bett.

Es ist sehr wahrscheinlich, dass in den nächsten Wochen Einsichten und Inspirationen in dein Bewusstsein einfließen werden, besonders im hypnagogischen Zustand, wenn du gerade einschläfst oder aufwachst, und den Notizblock griffbereit zu haben ermöglicht es dir, Notizen zu allen Eindrücken zu machen, die einfließen.

Resonanz-Energie (CE-5 Aotearoa, Neuseeland)

Die Intention dieser Meditation ist es, einen erweiterten Austausch/Download von subtilen Energien zu ermöglichen, die oft in die Feldarbeit der CE-5-Teams einfließen.

Erdung ist wichtig und wir empfehlen, dass jeder während dieses Prozesses seine Füße auf dem Boden hat. Die Teams können sich auch an den Händen halten, wenn sie es wünschen, oder sogar für den geführten Teil eng in einem Kreis zusammenstehen.

Beginnt mit einer allgemeinen Lockerung. Bitte das Team sich zu entspannen, langsam und tief zu atmen und sich zu zentrieren. Atme Frieden und Ruhe ein und lasse beim Ausatmen alle Sorgen und Grübeleien durch die Füße in die Erde fließen. Bitte die Erde, alle Sorgen und Gedanken aufzunehmen und zu verarbeiten, um uns zu helfen, uns auf unsere aktuelle Intention zu konzentrieren. Atme durch die Nase ein und durch den Mund aus. Bitte alle, sich vorzustellen oder einfach "ZUZULASSEN", dass ihre Energiekörper/astralen Hände schnell nach unten in das Zentrum der Erde greifen, etwas von der Energie der Erde sammeln und sie nach oben zum ersten Chakra bringen. Dies kann so schnell gehen wie ein Ausatmen, um eure erste Bitte zu senden und die Energie mit dem Einatmen heraufzubringen. Wir machen das normalerweise DREI Mal für jedes Chakra, bevor wir es aktivieren, da dies die Gefühle intensiviert – wenn die Leute jedoch sehr vertraut damit sind, reicht es auch einmal pro Chakra. Bei der 3X-Methode HALTE oder speichere bei den ersten beiden Durchgängen die Energie im Chakra, während du für den nächsten Durchgang wieder nach unten gehst. Beim dritten Durchgang ÖFFNE schnell dein erstes ROTES Chakra und entspanne dich dann, während du beobachtest, wie es glüht oder sich dreht usw.

Nun greife beim Ausatmen weiter nach unten, sammle mehr Energie und bringe sie in das zweite Chakra nach oben, wobei du die Energie durch das erste Chakra zum zweiten ziehst [Ausrichtung]. Wiederhole den Vorgang so lange, bis sjeder seine Chakren ROT-ORANGE-GELB-GRÜN-BLAU-INDIGO-VIOLETT ausgerichtet und geöffnet hat.

Jetzt wird die RESONANZ der Gruppe synchronisiert, indem die Chakra-Energien der Reihe nach geteilt werden. Bitte alle Anwesenden, das Licht ihres 1., roten Chakras an die Person zu ihrer Rechten weiterzugeben und die äquivalente Energie von der Person zur Linken anzunehmen. Wiederhole dies schnell und bitte das Team, den Vorgang zu beschleunigen, so dass wir auf dieser Ebene einen roten rotierenden Energie-Ring gegen den Uhrzeigersinn bilden. Geht nun zum zweiten Chakra (orange) und wiederholt diesen Vorgang, wie auch bei allen weiteren Chakren, bis ihr das violette Kronen-Chakra erreicht habt.

Jetzt schwingen die Energiezentren des gesamten Teams einheitlich. Diese Aktion sollte auf ANDERE ANWESENDE [ET, Himmlische, etc.] ausgedehnt werden, die aktiv mit uns zusammenarbeiten. Das bedeutet, dass sich die Resonanz über BEIDE Teams erstreckt. Das Herzzentrum ist das wichtigste, aber es ist sehr einfach, die Gruppe hindurchzuführen, wenn dieser Prozess vor Beginn hinzugefügt wird.

Sobald diese Chakra-Ringe stehen, wird in den nächsten Schritten eine gemeinsame Form etabliert, durch die Energien in BEIDE Richtungen fließen können.

Bitte alle darum, zu visualisieren, wie die Ringe "nach unten kollabieren", so dass sie sich alle auf der Ebene des Herz-Chakras treffen.

Vom Scheitel abwärts und von der Basis aufwärts, so dass sich ein Torus bildet; lasst zu, dass er verschmilzt und zu einem weißen Licht-Ring wird, der sich gegen den Uhrzeigersinn dreht, genau so, wie sich auch die ersten Ringe gebildet haben.

Nun sendet aus diesem Torus einen gegen den Urzeigersinn laufenden Spiralwirbel in das Erdzentrum zurück. Dies ist ein "Guide" für das, was als nächstes kommt. Bittet die Erde darum, uns Energie gegen den Uhrzeigersinn zurückzusenden, die sich mit dem Wirbel verbindet, den wir gerade geschaffen haben; wenn er ankommt, seht oder stellt euch vor, dass er anfängt, sich um den Herz-Torus zu wickeln, um ihm wie eine Spule eng gegen den Uhrzeigersinn zu folgen.

Sendet nun einen GEGEN DEN UHRZEIGERSINN verlaufenden Energiewirbel nach oben zu denjenigen, mit denen ihr arbeitet, ebenfalls als „Guide", der verdrillt wird. Bittet sie zu antworten, indem sie einen Energiewirbel IM UHRZEIGERSINN zu uns zurücksenden, der dem Weg unseres „Guides" folgt; wenn er ankommt, lasst ihn sich um unseren Torus wickeln und im Uhrzeigersinn darüber und darum herum verlaufen.

Gestattet ihm, mit der Geschwindigkeit zu "laufen", die er braucht, um in Resonanz zu gehen.

Diese Form ist SEHR KRAFTVOLL und ihr werdet möglicherweise erhebliche Energieströme erleben.

Bitte das Team, die "Vision", dieses Energiefeld, stark im Gedanken zu verankern, während ihr in den stillen Teil der Meditation übergeht, bei dem ihr danach strebt, die festgelegte Intention des Teams der CE-5-Arbeit zu erfüllen. Gestattet den ET/Himmelswesen oder mit wem auch immer ihr zu arbeiten versucht, dieses Resonanzfeld für die Interaktion mit deinem Team zu nutzen. Lade besonders dazu ein, dass relevante himmlische/kosmische Energie durch diesen Prozess und diese Resonanzform in das Team integriert/heruntergeladen wird und bitte alle, die dazu bereit sind, diese Energien zu absorbieren/damit zu verschmelzen, sodass sie als Ergebnis auf nützliche Weise verteilt werden.

REINIGUNGS-MEDITATIONEN

Energy-Clearing-Meditationen helfen dabei, deine Schwingung zu erhöhen und dir ET-Kommunikationen aller Art, innen wie außen, bewusster zu werden. Es kann sehr einfach sein, wie z. B. jede Zelle deines Körpers zu segnen und ihr zu danken oder dich im höchsten Lichte zu baden. Auch Räucherungen mit Süßgras oder Salbei sind sehr effektiv: Sie erzeugen eine dichte, neutrale Ladung, die negative Energien löst sowie dich reinigt und einen geheiligten Ort klärt. Für eine umfassendere Reinigung probiere die Heilungs-/Klärungsmeditationen auf den folgenden Seiten.

Chakra-Reinigung

Gehe nach der folgenden Liste durch jedes Chakra, eines nach dem anderen. Beginne unten am Wurzel-Chakra und arbeite dich nach oben. Atme tief in jedes Chakra ein und befreie es von Müll, Spannung, Disharmonie oder Starre. Benenne die korrespondierenden Energieblockaden des Chakras laut und lasse alle damit verbundenen negativen Emotionen und falschen Überzeugungen los. Beobachte mit inneren Augen, wie jedes Chakra kraftvoll leuchtet und den Körper mit seiner Farbe erhellt. Fühle, wie die Energie des Chakras frei fließt oder sich dreht.

Wurzel-Chakra

Basis der Wirbelsäule/Beckenboden/Genitalien – Rot – Überleben. Blockiert durch Angst. Akzeptiere das Gefühl der Angst und wisse, dass Ängste schlussendlich nicht real sind.

Sakral-Chakra

Unterbauch/ein paar Zentimeter unter dem Nabel – Orange – Vergnügen. Blockiert durch Schuldgefühle. Vergib dir selbst.

Solarplexus-Chakra

Oberbauch/über dem Nabel – Gelb – Willenskraft. Blockiert durch Enttäuschungen. Akzeptiere alles Gelernte.

Herz-Chakra

Am Herzen – Helles Smaragdgrün – Liebe – Blockiert durch Trauer. Akzeptiere den Verlust und den Lebensprozess und lasse sie los. Alle Dinge ändern sich und kommen und gehen, aber Liebe bleibt immer und ist eine unendliche Energie.

Kehlkopf-Chakra

Kehle – Türkisblau – Wahrheit – blockiert durch die Lügen, die wir uns selbst erzählen. Stelle dich dir selbst und erlaube dir, vollkommen unvollkommen, verletzlich, würdig zu sein.

Drittes-Auge-Chakra

Stirnzentrum, über deinen Augen – Indigoblau – Blockiert durch die Illusion der Trennung. Lasse die Einsicht und das Wissen zu, dass wir alle Eins sind.

Kronen-Chakra

Oberes Kopf-Zentrum – Violett – Reine kosmische Energie – Blockiert durch irdische Anhaftungen. Lasse alles los, was du geliebt hast, in dem Wissen, dass nichts jemals wirklich verschwindet.

Heilung Negativer Einflüsse/Klärung
(James Gilliland – ECETI)

Heilung ist ein Muss für alle, die in anderen Reichen des Bewusstseins zu arbeiten wünschen. Wenn du negative Schwingungen erlebst, handelt es sich entweder um Gedankenformen, einschränkende mentale Konzepte, psychische Bindungen oder entkörperte Wesen (verlorene Seelen), die der Heilung bedürfen. Manche erzeugen Zwänge und wünschen zu manipulieren und kontrollieren. Liebe heilt. Austreibung sendet sie nur an einen anderen Ort, zu einer anderen Person. Bedenke in aller Heilung, dass Gott Liebe ist. Es ist die Kraft der Liebe, die heilt und aufrichtet. Wir geben dir die folgenen Schritte, um die Energie zu reinigen.

1. Schließe deine Aura, indem du ein weißes oder goldenes Licht um dich visualisierst.
2. Rufe deinen gewählten kulturellen Vertreter Gottes an, sei es Jesus, Buddha, Babaji, Maria, Mohammed, Weißer Adler oder ein anderer der Schönen Vielen Gechristeten.
3. Teile den Wesenheiten mit, dass sie zu ihrer Auferstehung und ihrem Aufstieg geheilt wurden und ihnen vergeben ist.
4. Sage ihnen, dass sie geheilt und von dem Christuslicht und der Christusliebe umgeben sind.
5. Bitte deinen gewählten Vertreter, sie nun an ihren perfekten Ort zu bringen.
6. Bitte darum, dass nun alle negativen Gedankenformen und einschränkenden mentalen Konzepte aufgelöst und in das Licht der Wahrheit gehoben werden.
7. Bitte darum, dass alle psychischen Bindungen durchtrennt werden und schließe ihre Auren für alles außer dem Geist höchster Schwingungen.

Wiederhole diesen Vorgang, bis du dich geklärt fühlst. Es kann sein, dass du mehr als eine Heilung durchführen musst. Denke daran, dass dein Wort sehr mächtig ist und dass sich das, was auf ihrer Ebene gesprochen wird, sofort manifestiert. Manchmal werden diskarnierte Geister zu deinem Licht kommen wie die Motten zur Flamme. Verurteile dich nicht selbst, sondern heile sie einfach. Sie stecken in Schwierigkeiten, nicht du. Sie suchen deine Hilfe.

Ein kurzes Klärungsgebet – nachdem das obige zuerst getan wurde. Rufe nun zunächst deinen primären Lehrer oder Führer und andere göttliche Wesenheiten an, die gechristet oder höher sind.

> WIR HEISSEN ALLE WESENHEITEN IN LIEBE UND LICHT WILLKOMMEN
>
> WIR SPRECHEN ZU EUCH VON DEM HERRGOTT UNSERES SEINS
>
> UND SAGEN EUCH ALLEN, DASS IHR GEHEILT SEID UND EUCH VERGEBEN IST
>
> ERHOBEN UND ERLEUCHTET
>
> GEHEILT UND VERGEBEN
>
> ERHOBEN UND ERLEUCHTET
>
> ERFÜLLT UND UMGEBEN VOM CHRISTUSLICHT UND DER CHRISTUSLIEBE
>
> UND WIR BITTEN DIE SCHÖNEN VIELEN, DICH AN DEINEN PERFEKTEN ORT ZU BEGLEITEN
>
> GEHE IN FRIEDEN

(Siehe James' Buch "Reunion With Source" für fortgeschrittene Heilungstechniken)

Reinigung Erdenergie Einatmen
(Little Grandmother Kiesha)

Stelle dich mit bloßen Füßen auf die Erde. Du kannst es auch drinnen tun, aber zieh die Schuhe aus. Beginne damit, die Farbe Grün, die Farbe der Erdenergie, durch deine Fußsohlen einzuatmen; spüre, wie diese Erdenergie deine Zellen füllt und jeden Zentimeter von dir nährt; mit dem ersten Einatmen hole sie bis zu den Knien hinauf, dann atme die Energie nach unten aus und durch die Fußsohlen in die Erde zurück.

Bringe beim zweiten Einatmen diese grüne Energie bis zur Basis deines Beckens (erstes Chakra) und atme sie wieder in die Erde aus, wobei du spürst, wie die Energie deine Schenkel, deine Knie und die Knöchel umhüllt, und zurück nach unten durch deine Füße fließt. Wenn du dabei Probleme hast, dich mit irgendeinem bestimmten Bereich deines Körpers zu verbinden oder zu spüren, wie die Energie dich erfüllt, dann mache so lange mit der Atmung in diesen Bereich weiter, bis du dich bereit fühlst, weiterzugehen.

Beim dritten Einatmen hole die Energie bis zum unteren Becken, kurz unter dem Nabel (zweites Chakra), und lasse sie wieder nach unten in die Erde ab. Achte darauf, dich auf jeden einzelnen Teil deines Körpers zu konzentrieren, während du die Energie nach unten ableitest; bleibe nicht an der Oberfläche, sondern visualisiere und fühle die Energie, wie sie an deinen Gliedmaßen, Muskeln, am Blut, an den Knochen und Zellen entlangwandert und sie füllt.

Hole beim vierten Einatmen die Energie bis zur Bauchmitte (drittes Chakra) und spüre, wie sie zirkuliert und in deinen Solarplexus eindringt. Viele von uns tragen eine Menge verdrängter Emotionen in diesem Bereich des Körpers, der mit unserem Willen und Gefühl der Ermächtigung verbunden ist, dem Gesamtgefühl dessen, wer wir sind. Möglicherweise musst du mehrmals in diesen Bereich

Bildnachweis: www.getdrawings.com

atmen. Lasse die heilende Erdenergie sanft deinen Bauch öffnen und jene Stellen lösen, die angespannt sind, die an alten Energien und Ängsten festhalten. Wenn du dich entspannt und offen fühlst und spüren kannst, wie sich hier eine Wärme ausbreitet, dann weißt du, dass du weitergehen kannst.

Hole die Energie beim fünften Einatmen bis zur Brust (viertes Chakra) und spüre, wie sie dein Herz umhüllt und durchdringt. Fühle, wie sie sich in deiner Brusthöhle, deiner Lunge und deinen Rippen ausdehnt. Am Herzen hängen so viele alte Emotionen und viele von uns tragen hier tiefe Wunden. Lasse Mutter Erde sanft diesen Ort in dir berühren. Mache diesen Atemzug so oft wie nötig, bis du spürst, wie sich Wärme ausbreitet, wie sich Entspannung und Leichtigkeit in diesem Bereich einstellt.

Lasse alles, was du festgehalten hast, zurück in die Erde abfließen, lasse es schmelzen und durch deine Fußsohlen wieder in die Erde ablaufen. So wie eine Mutter nicht geschädigt wird, wenn sie den Kummer und die Sorgen ihrer Kinder beruhigt und annimmt, so wird auch Mutter Erde niemals geschädigt, wenn du dich auf diese Weise mit ihr verbindest.

Hole beim sechsten Einatmen die Energie bis zur Kehle (fünftes Chakra) und spüre, wie sie diesen Bereich öffnet, der mit deiner Stimme und dem Aussprechen deiner Wahrheit verbunden ist. Dann atme sie aus, zurück in die Erde.

Hole mit dem siebten Einatmen die Energie bis zur Stirnmitte zwischen deinen Augen (sechstes Chakra – drittes Auge) und fühle, wie sich dieser Teil, der mit spiritueller Vision, höherer Wahrnehmung und Intuition verbunden ist, öffnet und sanft berührt wird, verbunden mit Mutter Erde. Atme wieder nach unten in die Erde aus.

Bringe beim achten und letzten Einatmen die Energie ganz nach oben zum Scheitel (7. Kronen-Chakra) und spüre, wie sich dein Oberkopf für spirituelle Führung und Licht aus dem Kosmos öffnet. Spüre, wie die Energie von Mutter Erde diesen Bereich sanft berührt und öffnet und dich zwischen Erde und Himmel erdet, als ein Kind der Erde und des Kosmos. Fülle dein Gesicht, deinen Schädel, dein Gehirn, deine Drüsen, dein Haar mit diesem grünen, nährenden Licht, das dich mit allem Leben verbindet. Atme beim letzten Ausatmen die Energie durch deine Hände aus – die Arme hinunter und durch deine Handflächen hinaus zurück in Mutter Erde. So entsteht ein vollständiger Energiekreislauf. Jetzt bist du mit dem verbunden, was dich im Leben erhält, was immer für dich da ist. Diese starke grüne Lebensenergie kann dir helfen, dein ganzes Wesen zu heilen, zu revitalisieren und auszugleichen.

Erdung und kosmische Energie
(Hollis Polk)

Bitte setze dich bequem irgendwo hin, wo du gut gestützt bist, die Füße flach auf dem Boden und die Hände bequem und getrennt im Schoß oder den Armlehnen des Stuhls.

Schließe nun bitte die Augen und atme tief ein. Atme wirklich tief ein und während du ausatmest, entspanne dich einfach... lasse deine Muskeln bewusst los und verschmelze mit deinem Sitzplatz. Jetzt... atme noch einmal tief ein... und fühle, wie das, worauf du sitzt, dich hält, fühle, wie einfach und bequem und solide das ist... jetzt atme noch einmal tief ein und fühle beim Ausatmen die Temperatur der Luft an deiner Wange und lass dich davon noch tiefer entspannen...

Atme wieder tief ein... und während du ausatmest, konzentriere dich auf die Basis deiner Wirbelsäule... und beim nächsten tiefen Einatmen... und dem nächsten Ausatmen... stelle dir vor, dass es einen kleinen Pfropfen an der Basis der Wirbelsäule gibt... und lasse ihn einfach... sanft... heraus... stelle dir jetzt vor, dass es einen Energiestrom gibt, der von der Basis deiner Wirbelsäule nach unten fließt... Du kannst diese Energie als eine Schnur sehen, oder eine Farbe, die nach unten fließt, oder du fühlst sie als eine Textur oder eine Temperatur, oder vielleicht hörst du sie sogar als einen Ton ... sie fließt sanft, leicht und ganz von selbst ... von der Basis der Wirbelsäule herunter durch das, worauf du sitzt ... hinab zum Boden ... und durch den Boden und den Raum darunter, und was immer noch darunter ist ... durch das Fundament des Gebäudes, und hinunter in die Erde darunter... lasse es weiter nach unten fließen ... nach unten ... unten … durch die Erde, in das Gestein unter dir... nach unten... durch das Gestein, durch die Erdkruste, hinunter in den Erdmantel... tiefer... tiefer... tiefer... in den geschmolzenen Kern der Erde... und erlaube allem in deinem Körper und jeder Energie in dir oder um dich herum, die geheilt oder transformiert werden muss, über deine Erdungsschnur in die Erde abzufließen, wo Mutter Erde sie heilen und transformieren kann.

Und lasse zu, dass ein wenig von dieser heilenden, transformierenden Energie beginnt, eine Schnur hinaufzusteigen, die parallel zu deiner Erdungsschnur verläuft. ... Du magst diese Energie als einen Lichtstrahl in einer bestimmten Farbe sehen, der nach oben fließt, oder du fühlst sie als eine Temperatur oder Textur, oder du könntest sie sogar als einen Ton hören ... oder eine Harmonie ... Und erlaube dieser lieblichen Energie aufzusteigen ... vom Kern der Erde, hinauf durch den Erdmantel, hinauf in die Erdkruste und durch die Erdkruste, hinauf in das Gestein unter deinen Füßen, hinauf in die Erde, hinauf in das Fundament des Gebäudes, hinauf durch jeden Raum darüber, hinauf durch den Boden, hinauf in die wartenden, offenen Chakras deiner Füße.

Der Ballen jedes Zehs hat ein kleines Chakra, wie ein Wirbel, der sich wie die Iris einer Kamera öffnet. Und es gibt ein größeres Chakra in der Mitte jedes Fußes, das sich ebenfalls wie die Iris einer Kamera öffnet. Wenn die wunderbare Erdenergie deine Füße erreicht, fließt sie nach oben, sanft und leicht, in die geöffneten Fuß-Chakras in deine Füße, durch die sie wirbelt, während sie heilt, transformiert, wärmt und beruhigt, sie mit dieser wunderbaren Energie erfüllt, dem wunderbaren Licht, oder Wärme oder sogar Textur oder Klang. Und während sie deine Füße füllt, wirbelt sie durch die Fußgelenke nach oben, wärmt und heilt, beruhigt und transformiert... lässt los...

Und diese wunderbare Farbe, oder Wärme, Ton oder Energie, fließt weiter nach oben... nach oben... hinauf in deine Waden, fließt entlang der Knochen, wärmt, entspannt, beruhigt, lässt los und strahlt nach außen, in die Sehnen, die Muskeln, die Faszien, die Haut, und sie füllt sogar das Energiefeld um deine Beine herum...

Und die Energie fließt weiter, nach oben, wirbelt und heilt hinauf durch deine Knie, wärmt, erweicht, lässt los...

Und die Energie wandert weiter entlang der Knochen der Oberschenkel nach oben, wärmend, heilend, erweichend und entspannend, lockernd und loslassend. Sie bewegt sich von den Knochen hinaus in die Sehnen, die Muskeln, die Faszien, die Haut, und sie füllt sogar das Energiefeld um deine Oberschenkel mit diesem wundervollen Licht, oder Wärme, Klang oder Energie. Einfach heilend und beruhigend und entspannend... loslassend...

Und die Energie wirbelt und heilt weiter, während sie sich vom Oberschenkel hinauf in die Beckenwiege bewegt. Die Energie fließt, wirbelt, heilt und transformiert, während sie die Muskeln und alle inneren Organe entspannt. Du siehst sie vielleicht als Licht, das die Beckenwiege füllt, oder fühlst sie als Energie, Wärme, Textur oder hörst sogar einen Ton.

Und während die Energie deine Beckenwiege füllt, bemerkst du, wie ein kleines Rinnsal dieser wunderbaren Erdenergie über deine Erdungsschnur zurück in die Erde fließt und so einen

Kreislauf schließt. Du weißt also, dass du ein Teil der Energie der Erde bist...

Und während das immer noch läuft, beginne deine Aufmerksamkeit hinaus in das Zentrum des Universums zu richten ... und erlaube einem wunderbaren farbigen Licht ... oder vielleicht einem Ton ... Wärme ... Textur ... aus dem Zentrum des Universums nach unten zu fließen ...

Hinunter in die Milchstraßengalaxie...
Hinunter in das Sonnensystem...
Hinunter in die Erdatmosphäre...
Hinunter in den Himmel über deinem Kopf...
Und hinunter in das Dach über deinem Kopf...

Und durch den Raum darunter, durch alle Balken und Decken und sogar Böden, wenn es welche gibt, in den Raum direkt über deinem Kopf...

Und hinunter in den Scheitel deines Kopfes... und von dort zur Schädelbasis und hinab entlang der Rückseite der Wirbel... Wirbel für Wirbel... entlang des Nackens und hinunter entlang der Wirbel an der Rückseite deiner Brust, und entlang der Lendenwirbel bis zur Basis deiner Wirbelsäule.

Und ein wenig von dieser Energie fließt von der Basis der Wirbelsäule entlang der Erdungsschnur hinunter in das Zentrum der Erde. Jetzt weißt du, dass DU die Verbindung von Erdenergie und kosmischer Energie bist, von Mutter Erde und Vater Himmel. Vielleicht spürst du sogar ein kleines Ziehen an der Basis deiner Wirbelsäule und dem Scheitel deines Kopfes, während du diese Verbindung wahrnimmst... oder du spürst, wie du dich automatisch ein wenig gerader in deinem Stuhl aufsetzt...

Und mehr von dieser wundervollen kosmischen Energie mischt sich in deine Beckenwiege... vielleicht siehst du, wie deine Beckenwiege mit beiden Farben gleichzeitig gefüllt ist oder du siehst, wie sie sich zu einer weiteren, dritten Farbe vermischen oder wie die eine Farbe von Funken der anderen durchzogen ist... wie auch immer du es siehst, ist es in Ordnung... vielleicht spürst du ein ungewöhnliches Gefühl oder du hörst vielleicht zwei Töne oder eine Harmonie... und während diese wunderbare Farbe oder der Klang oder das Gefühl deine Beckenwiege durchflutet, dehnt sie sich in dein Energiefeld um den unteren Rumpf aus und dehnt sich aus, indem sie die vorderen Kanäle der Wirbelsäule hinauf fließt, aufsteigt – auf... auf... auf... sanft und leicht, um dein Herzzentrum zu füllen... und sie dehnt sich von dort aus, um deine Brust und deine Schultern zu füllen, und die Energie beginnt, deine Arme hinunterzufließen, füllt deine Arme und fließt und wirbelt hinunter...

hinunter durch deine Ellbogen und durch sie hinunter in deine Handgelenke... wirbelt durch deine Handgelenke in deine Hände und füllt sie mit diesem lieblichen Licht, Ton oder Gefühl... lasse es einfach geschehen... und die Energie tropft durch deine Handflächen und Finger heraus in den Raum um dich herum, füllt den Raum um deine Hände, deine Arme und deine Brust mit dieser lieblichen Farbe... oder dem Klang... oder dem Gefühl.... Und die Energie beginnt wieder aufzusteigen, hinauf von den Schultern in deinen Kopf... füllt deinen Kopf mit diesem wundervollen Gefühl... oder Klang... oder Farbe... bis die Energie oben aus deinem Kopf heraus fließt, zu einem Ort 45 bis 60 Zentimeter über deinem Kopf, wo sie zu einem Springbrunnen wird... die Energie fließt um dein gesamtes Energiefeld herum nach unten, reinigt es, heilt es, wärmt es, entspannt es und füllt es mit diesem wundervollen, heilenden Licht, oder Klang oder Gefühl, reinigt es, klärt es... und entfernt sanft alles, was nicht gesund für dich ist... Und genieße einfach dieses fantastische Gefühl, die Verbindung von Erde und Himmel zu sein, in dir und um dich herum...

Und genieße einfach diesen wundervollen Energiefluss...

Und wenn du bereit bist... komm zurück in den Raum... öffne deine Augen...

bewege dich... vielleicht willst du dich vornüber beugen und den Boden berühren, um jegliche überschüssige Energie loszulassen...

ganz in deinem Körper zu sein

bewusst...

wach...

lebendig...

und

erfrischt!

Reinigungs-Meditationen

Erdung im Liegen
(Hollis Polk)

Ihr könnt diese Meditation für solche CE-5s nutzen, bei denen ihr auf einer Decke unter den Sternen liegt.

Bitte lege dich auf den Rücken, bequem gestützt durch Kissen oder was immer du brauchst. Es soll angenehm warm, aber immer noch kühl genug sein, dass du wach bleibst...

Atme tief ein... und wenn du ausatmest... erlaube dir einfach, die Unterstützung dessen wahrzunehmen, worauf du liegst... atme noch einmal tief ein, und beim Ausatmen... spüre einfach die Unterstützung deines Rückens... und der Rückseite deiner Beine... spüre sie an den Fersen und an deinen Armen.

Jetzt... atme noch einmal tief ein... und beim Ausatmen... spüre die Temperatur der Luft auf deiner Wange... nimm sie wirklich wahr... ist sie warm... ist sie kühl... ist sie genau richtig... ist die Temperatur der Luft auf beiden Wangen gleich... erlaube dir dies sanft wahrzunehmen...

Jetzt... atme noch einmal tief ein... und während du ausatmest, spüre einfach, wie gut dein Kopf gestützt ist... und wie entspannt du dich fühlst...

Und während du dich entspannst, kannst du beginnen wahrzunehmen, wie das, worauf du liegst, ein Teil der Erde ist. Woraus auch immer es gemacht ist, es kommt auf die eine oder andere Art von der Erde, seien es Federn, die von Enten stammen, die auf der Erde liefen und von ihr genährt wurden, oder ob es das Holz von Bäumen ist, die in der Erde wuchsen, oder sogar Teppich, der aus Öl aus dem Inneren der Erde gemacht ist... oder etwas ganz anderes... und so liegst du DOCH auf der Erde. Und du kannst dir vorstellen, dass du direkt auf der Erde liegst... vielleicht liegst du auf einem Laubhaufen oder auf dem Waldboden oder auf einer Wiese oder an einem Strand oder an einem anderen wunderbaren natürlichen Ort... du liegst auf der Erde...

Und du kannst anfangen, deinen Muskeln zu erlauben, einfach in die Erde zu schmelzen ... lasse deine Arme schmelzen ... lasse deine Beine schmelzen ... lasse deinen Brustkorb schmelzen... fühle einfach, wie sie in die Erde sinken ... und du kannst dir vorstellen, wie ihre Energie durch die Erde unter dir hinunterfließt ... hinunter in das Grundgestein ... hinunter durch das Grundgestein in den Erdmantel ... schnell und leicht fließt sie durch den Erdmantel hinunter... hinunter in den geschmolzenen Kern der Erde.

Stelle dir nun vor, dass dieser Energiefluss eine riesige Schnur ist, eine riesige Erdungsschnur, die jede

Zelle des Körpers mit dem Zentrum der Erde verbindet. Und nun stelle dir vor, dass Mutter Erde dir ihre Liebe sendet, in Form von Energie, diese Erdungsschnur hinauf. Vielleicht siehst du diese Energie als... einen Lichtstrahl in einer bestimmten Farbe, der nach oben fließt... oder du fühlst sie als Temperatur oder eine Textur, oder vielleicht hörst du sie sogar als einen Ton... oder eine Harmonie... Und erlaube dieser lieblichen Energie aufzusteigen... hinauf vom Kern der Erde, hinauf durch den Erdmantel, hinauf bis in die Erdkruste und durch die Erdkruste, hinauf in das Gestein unter dir, hinauf in die Erde, hinauf in deine wartenden Zellen. Und jede einzelne deiner Zellen saugt die Liebe von Mutter Erde auf und weiß, dass sie mit Mutter Erde verbunden ist. Und jede Zelle ist erneuert und erfrischt durch ihre Verbindung zu Mutter Erde.

Mutter Erde möchte, dass du viel Energie hast. Während du also zu deinem normalen, wachen Bewusstsein zurückkehrst, beginnst du, dich leicht und sanft zu bewegen. Vielleicht bewegst du deine Finger und Zehen, und jetzt deine Hände und Füße. Und nun deine Beine und Arme und sogar deinen Kopf und Oberkörper. Du fühlst dich...

bewusst...

wach...

lebendig...

erfrischt...

und bereit, loszulegen!

REMOTE VIEWING

Remote Viewing wird von dem Astronauten Dr. Edgar Mitchell als eine praktikable Methode zur Kommunikation mit ET empfohlen. Dr. Mitchell gründete die Organisation "The Foundation for Research Into Extraterrestrial and Extraordinary Encounters" (FREE). Eines unserer langjährigsten Gruppenmitglieder, Keiko, ist unsere ansässige Studentin des Remote Viewing. Im Nachfolgenden eine kurze Einführung von ihr:

RV (Remote Viewing) ist eine Praxis, die uns hilft, unsere innere Fähigkeit zu entwickeln, bestimmte Orte, physische Strukturen, Personen oder Ereignisse zu sehen und zu spüren, ohne dass man physisch dort sein müsste, um sie zu sehen oder zu spüren. Beim Remote Viewing geht es um das Sehen, Hören, Riechen, Schmecken, Fühlen von Empfindungen und von Emotionen in entfernter Zeit und entferntem Raum. Vielleicht hast du hin und wieder ähnliche paranormale Phänomene wie Déjà-vu oder Vorahnungen erlebt. Im Gegensatz dazu wird RV bewusst durchgeführt, indem man sich auf eine "Zielsetzung" konzentriert, während man sich im meditativen Zustand befindet.

Wie ein Remote View funktioniert

- Setze dich ruhig hin, lass deinen geschäftigen Verstand los und mach dich leer.
- Verbinde dich mit einer Zielsetzung und wisse, dass du verbunden bist.
- Beschreibe und zeichne Informationen, die du über deine fünf Sinne oder mehr empfängst, als Rohinformationen auf. Mit anderen Worten: Beschreibe die Informationen, ohne dir eigene Geschichten auszudenken. (Synchronisiere die rechte und linke Gehirnhälfte.) Du versuchst, von der Vorstellungskraft, dem Gedächtnis und/oder der Deduktion wegzukommen.
- Organisiere und analysiere die Informationen.

Fähigkeiten/Wahrnehmung, die man durch Remote Viewing entwickeln kann

Durch die Synchronisierung der rechten und linken Gehirnhälfte während der RV-Praxis können wir unsere übersinnlichen Fähigkeiten entwickeln. Außerdem vermittelt uns das Wahrnehmen entfernter Ziele die Erfahrung des Einsseins. Zu erkennen, dass wir mit unseren Gedanken/Intentionen miteinander verbunden sind, kann uns anderen gegenüber bescheiden machen.

Ein erfahrener Ausbilder von RV am Monroe-Institut hat gesagt, dass er noch nie einem Menschen begegnet ist, der am Ende eines einwöchigen Workshops nichts sehen oder spüren konnte. Wir alle haben die Fähigkeit und können sie durch Üben entwickeln. Die Praxis wird dir die Bestätigung deiner wahren Natur geben, nicht-lokal und eins mit dem vereinigten Bewusstseinsfeld zu sein.

Mit dem Üben von Remote Viewing beginnen

In seinen DVDs empfiehlt Dr. Greer, die Intuition mit diesen Übungen zu schärfen:

- Spüre, wer der Anrufer ist, bevor du den Hörer abnimmst
- Spüre, wer der Besucher ist, bevor du die Tür öffnest
- Spüre einen Gegenstand, den jemand in eine Schachtel gelegt hat, ein Foto oder Worte, die in einen Umschlag gelegt wurden

Es gibt verschiedene Methoden und Techniken des Remote Viewing, aus denen man wählen kann. Man kann Bücher, DVDs, Workshops, Websites usw. über RV finden. Es gibt Apps und Websites, die RV-Ziele anbieten, wie z. B. http://www.rvtargets.com/. Es ist kostenlos, sich zu registrieren und sie zu nutzen.

<u>Anwendung von Remote Viewing für CE-5</u>

Wenn du während eines CE-5 im Feld bist, beginne mit der Meditation mit einem Mantra, mit Klang, Visualisierung, geführter Meditation usw. Wenn du in der Ruhe bist, beginne, dich auf deine Zielsetzung zu konzentrieren:

- Leite ET zu deinem Standort, indem du in den Weltraum gehst und dann mit dem Bewusstsein zum Standort zurückkehrst
- Besuche einen Planeten, eine Galaxie, einen Stern
- Begegne verschiedenen galaktischen Zivilisationen
- Triff ein Sternenwesen
- Gehe zur Internationalen Raumstation
- Besuche ein galaktisches Treffen
- Gehe zur Raumstation auf den Ringen des Saturns

Wie bereits erwähnt, geht es beim Remote Viewing nicht nur darum, Anblicke, Geräusche, Texturen und Gerüche eines Ortes wahrzunehmen. Du kannst auch Emotionen, Gefühle und Gedanken aufnehmen, die ein Ort bietet. Einige Astronauten hatten die folgenden Gefühle und Gedanken, während sie im Weltraum schwebten:

- Jeder ist mit dem anderen verbunden
- Es ist ein vertrauter Ort, wie zu Hause
- Es gibt keine Absolutheit
- Wir müssen uns umeinander kümmern

Was siehst/fühlst du beim Remote Viewing im Weltraum. während sich der Körper an der Kontaktstelle im Kreis befindet?

<u>Hilfreiche Links</u>
Mehr zu Remote Viewing gibt es unter den untenstehenden Links:

> Prudence Calabrese's Remote-Viewing-Kurs (7 Videos) https://youtu.be/uij1clj9FzY
> Die geheime Geschichte des US Remote Viewing https://youtu.be/kUOu7MJnpO4
> Ingo Swan – Menschliche Superempfindsamkeiten und die Zukunft https://youtu.be/rHH5PBS2H_I
> Dr. Hal Puthoff über Remote Viewing https://www.youtube.com/watch?v=yAuw90YOkBs
> Joe McMoneagle, Die Stargate-Chroniken, MUFON Conv 2/16/06 https://youtu.be/egk7V8XKRWQ
> John Vivanco Psychic Spy – Teil 1 von 3 https://youtu.be/ZTEtvMoUjas
> John Vivanco Psychic Spy – Teil 2 von 3 https://youtu.be/y0W8MHbZ9N0
> John Vivanco Psychic Spy – Teil 3 von 3 https://youtu.be/NXvT0OC98Nc
> Lektionen aus dem Stargate-Programm mit Edwin May https://youtu.be/L811nO601sg

BIO-ELEKTROMAGNETISCHE KOMMUNIKATION

Der Mensch hat das Potenzial, ein sehr starkes Kraftfeld auszustrahlen. Ich hatte einen zufälligen Moment der Telekinese, der mir dies für mich beweist. Wir glauben, dass dieser Abschnitt die Spitze von CE-5 und unserer eigenen Evolution ist. Vielen Dank an Jeremy von CE-5 Aotearoa in Neuseeland, der diese Kommunikations-Technik mit uns teilte.

Dieser Prozess zielt speziell auf die energetische Kommunikation durch das bio-elektromagnetische Feld des Herzens ab: den Torus. Alles fußt auf Praxiskenntnissen aus mehreren Fällen verifizierter Nahkontakte und Interaktionen.

Die Prinzipien:

- Die äquivalente geometrische Form, um die selbstreflexive Natur des Bewusstseins zu beschreiben, ist der Torus. Der Torus kann verwendet werden, um die Funktionsweise des Bewusstseins selbst zu definieren; daher hat das Bewusstsein eine Geometrie.

- Der Torus lässt einen Energiewirbel entstehen, der entlang seiner selbst zurückfließt und wieder in sich selbst eintritt. Er "dreht sich auf links" und fließt kontinuierlich in sich selbst zurück. Daher erneuert und beeinflusst die Torus-Energie sich kontinuierlich selbst.

- Wenn der Torus im Gleichgewicht ist und die Energie fließt, sind wir im perfekten Zustand, um unser authentisches Selbst zu sein. Authentizität ist ein Schlüsselfaktor bei der Verbindung mit ET und himmlischen Wesen.

- Das Magnetfeld des Herzens bildet einen Torus und kommuniziert im Körper und in das äußere Umfeld. Es ist eine nonverbale energetische Kommunikation, über die man effektiv miteinander, mit der Umwelt und anderen Arten von Wesen kommunizieren kann.

- Da elektromagnetische toroidale Felder holografisch sind, ist es wahrscheinlich, dass die Gesamtsumme unseres Universums im Frequenzspektrum eines einzigen Torus präsent ist. Das bedeutet, dass jeder von uns mit dem gesamten Universum verbunden ist und zu jedem Zeitpunkt auf alle Informationen darin zugreifen kann.

Prozess-Gliederung:
Dies ist eine Skizze des allgemeinen Prozesses, der zu einer geführten Meditation geformt und vom Team-Moderator durchgeführt werden sollte. Dieser Prozess ist nicht festgelegt, es ist ein "work in progress" und es sollte mit Kreativität und Flexibilität daran herangegangen werden. Während des Prozesses können bedeutende Kontaktereignisse auftreten; daher ist oft Anpassungsfähigkeit erforderlich. Lasst euch von dem leiten, was natürlich auftritt, und bleibt in der kohärenten Energie und den oben genannten Prinzipien präsent.

- Fokussiert euch darauf, als ein völlig geeintes CE-5-Team mit der gemeinsamen kollektiven Intention des universellen Friedens und der Einheit zu arbeiten. Spezielle Teams kann man aus denen zusammenstellen, die mit dieser Intention von Natur aus in Resonanz sind.

- Errichtet ein kohärentes Torus-Energiefeld innerhalb des CE-5-Teams. Führt ihr diesen Prozess zum ersten Mal durch, schließt zuvor die Resonanz-Energie-Meditation ab. Sobald ihr mit dem grundlegenden Aufbau eines kohärenten Torus-Energiefeldes vertraut seid, erschafft ihn auf eure eigene, Weise, die für euer Team am besten funktioniert, und fahrt dann mit diesem Prozess fort. Probiert neue Ideen aus.

- Bindet bewusst eure kollektive Absicht in die Struktur des Torus-Energiefeldes. Fokussiert euch darauf, eins zu sein. Verschmelzt euren herzbasierten göttlichen Willen mit dem Torusfeld und belebt das volle Farbspektrum, seht die Form klar und hell im Bewusstsein, nehmt wahr, wie es euch umgibt. Verschmelzt es bewusst mit anderen im Team.

- E-Motion, Energie in Bewegung. Speise das Torus-Feld, indem du dein Herzzentrum mit Gefühlen von Liebe, Freude, Frieden, Dankbarkeit usw. anfüllst. Erlaube diesen Gefühlen überzulaufen und mit der Schwingungsstruktur des Torus zu verschmelzen, spüre, wie die Geschwindigkeit des Energieflusses steigt und er dadurch weiter aktiviert wird. Konzentriere dich auf eine singuläre Nullpunkt-Herz-Energie in der Mitte des Kreises, da dies das Herzzentrum des Teams ist.

- Nimm wahr, dass jeder von uns mit dem gesamten Universum verbunden ist und zu jedem Zeitpunkt durch sein Herzzentrum auf alle Informationen darin zugreifen kann. Wenn wir auf das zugreifen, was in unseren Herzen vorhanden ist, verbinden wir uns buchstäblich mit der grenzenlosen Fülle und Weisheit des Universums. Dies ermöglicht dem, was wir als Wunder bezeichnen, in uns präsent zu sein. Umarme dieses Wissen, das in unserem Herzzentrum existiert. Erlaube, dass es einfach als universelle Wahrheit mitschwingt und von unserem Wesen ausstrahlt.

- Halte diesen Raum für Kommunikation offen. Übertrage Informationen durch das elektromagnetische toroidale Spektrum des Herzens. Konzentriere dich anfangs auf eine energetische Einladung. Übertrage die Einladung in die unmittelbare Umgebung und dann in die fernen Weiten, indem du die toroidale Form im Bewusstsein erweiterst. Lass sie sich um den gesamten Planeten ausbreiten, dann verkleinere sie auf den lokalen Bereich. Wiederhole das mehrmals und dehne dabei jedes Mal weiter aus, bis hinaus in den Weltraum, und lade dabei immerzu alle Wesen ein, die mit dieser Intention in Resonanz sind. Bewege dich mühelos im Bewusstsein durch die toroidale Verbindung. Wisse, dass die Informationen, die du durch diese Form kommunizierst, wahrscheinlich von anderen bewussten Wesen empfangen werden. Strahle die Energie der Einladung aus und was du beim Aufbau der Kommunikation für gemeinschaftlich wichtig hältst. Achte darauf, auch Raum für Antworten bereitzuhalten.

- Verschiebe deinen Fokus innerhalb aller Parameter des kollektiven Torus und erweitere das toroidale Bewusstsein, indem du ihn unendlich groß und zugleich unendlich klein siehst, sowohl im Inneren als auch im Äußeren. Folge bewusst herzzentrierten magnetischen Anziehungen zu bestimmten Orten, zunächst in der lokalen Umgebung, dann in anderen Parametern. Schwinge deine Absicht, dich mit den Wesenheiten zu treffen, die an diesem bestimmten Ort anwesend sein könnten. Erlaube dir, dich voll auszudehnen und so viel zu fühlen, wie du kannst. Bitte sie, ihre Anwesenheit auf Weisen anzuzeigen, die für dich und das Team unzweifelhaft wahr sind. Wenn die Kommunikation verifiziert wird, leite das Team an, die herzzentrierte Energie auf diesen spezifischen Parameter zu fokussieren. Bittet die Wesenheiten, so präsent und interaktiv zu sein, wie sie können. Haltet die Energie für die weitere Verbindung mit ihnen und genießt die Liebe, ein Botschafter der Erde zu sein.

MUSIK UND KLANG

Barbara Marciniak über die Bedeutung von Klang in ihrer Sammlung von Channelings:

"Klang ist ein Werkzeug zur Transformation. Hüter der Frequenz, die zu werden wir euch ermutigen, lernen, wie sie die Frequenz durch Klang modulieren, die sie halten. Klang kann jede Substanz durchdringen, Moleküle bewegen und Realitäten neu ordnen. Du kannst die Klangarbeit beginnen, indem du dem Klang gestattest, deinen Körper zu spielen. Bring dich in deine Mitte, kläre den Geist und erlaube Tönen, durch dich zu kommen. Die alten Mysterienschulen arbeiteten auf diese Weise mit Klang und es ist eine sehr kraftvolle Technik, wenn sie in der Gruppe angewendet wird. Du wirst mit deiner Nutzung von Klang sehr weit kommen, nachdem du für eine Weile damit gearbeitet hast. Es ist wie ein mächtiges Werkzeug, das einem Säugling gegeben wird. Ohne die richtige Bewusstheit könntest du Dinge tun und die Konsequenzen dessen, was du tust, nicht erkennen."

"Denke daran, was der Klang in Stadien oder Auditorien zu bewirken vermag. Das Anfeuern oder Ausbuhen einer großen Menge erzeugt eine Atmosphäre. Wenn Gruppen von euch gemeinsam Klang erzeugen, erschafft ihr eine Atmosphäre für euch selbst. Ihr erlaubt bestimmten Energien, das Instrument eurer Körper zu spielen. Ihr lasst vorgefertigte Vorstellungen los und erlaubt verschiedenen Melodien und Energien, eure physischen Körper als Möglichkeit zu nutzen, sich auf dem Planeten zu präsentieren. Was ihr tatsächlich erlebt, ist die Lebenskraft von Energien, denen ihr den Ausdruck durch euer eigenes Selbst erlaubt. Ihr erlaubt einer Schwingung, in ihrer vollen Pracht durch eure Körper und eure gemeinsame Kooperation auf den Planeten zu kommen. Ihr gebärt etwas. Ihr erschafft eine Gelegenheit und die Energie nimmt diese Gelegenheit wahr."

"Der Klang wird sich weiterentwickeln. Jetzt können menschliche Wesen durch das Tönen zu Instrumenten für den Klang werden. Bestimmte Klangkombinationen, gespielt durch den Körper, erschließen Informationen frei Frequenzen der Intelligenz. Nach den Harmonien für einen langen Zeitraum still zu sein erlaubt menschlichen Wesen, ihren Körper als Instrumente zu nutzen, um Frequenzen zu empfangen und zu absorbieren und das Mittel der Atmung zu nutzem, um sie in einen ekstatischen Zustand zu bringen. Wenn du mit anderen tönst, hast du Zugang zum Gruppengeist, denn du vor der Erzeugung des Klangs nicht hattest. Das Schlüsselwort ist "Harmonie".

"Was du mit Klang zu tun beabsichtigst ist von größter Bedeutung. Wenn du in deinen Intentionen nicht klar bist, kann Klang sich auf eine Weise in sich selbst verhüllen und über seine ursprüngliche Kapazität hinauswachsen. Er verdoppelt und vervierfacht sich aus seiner eigenen Wirkung. Es ist sehr wichtig, dass du eine klare Intention hast, was du mit Klang zu tun planst. Klang bringt Energie in Wallung und erzeugt eine stehende, säulenartige Welle, die Frequenz auf Frequenz aufbaut. Diese Energie kann dann an oder auf alles gerichtet werden. Wenn ihr im Kreis oder im Umfang der Säule aus Licht Klang erzeugt. erschafft ihr eine Säule, die zu viel mehr fähig, als ihr je dachtet. Sie ist in der Lage, Explosionen zu erzeugen und viele Realitäten zu zerstören oder neu zu erschaffen."

Aus *Bringers of the Dawn*
https://www.plejadians.com/dawn.html

Verwendung von Klang beim CE-5

Musik ist ein kraftvolles Werkzeug. Sie bewegt, verändert und erhebt uns. Klang kann uns helfen zu entspannen und uns nach innen zu richten, und er macht es einfacher, eine Verbindung zum universellen Eins einzugehen.

Für CE-5 eignen sich:

- Klänge/Lieder im Hintergrund von Gruppengeplauder, Anleitung oder Meditation spielen
- Klänge/Lieder als Gruppenfokus spielen
- Gemeinsam singen
- Gemeinsamer Sprechgesang
- Eine Puja machen
- Summen
- Tönen
- Trommeln
- Didgeridoos spielen
- Klangschalen anschlagen
- Glocken läuten
- Stimmgabeln antönen
- Etc.

Nutze für CE-5 das, was dich und die ganze Gruppe am meisten anspricht.

Wenn du an Klängen als Heilwerkzeug für dich interessiert bist, könntest du:

- Die Klangheilungsseite von Tom Kenyon besuchen: http://tomkenyon.com/music-sound-healing
- Mozart oder alles andere hören, was dich erhebt. Samoiya Shelley Yates sprich in ihrer erstaunlichen Geschichte darüber: https://www.youtube.com/watch?v=KHGyu_AXNWg&t=9s
- Dir ein paar CDs mit neuroaktiven Klängen vom Monroe-Institut holen – Hemi-Sync® zur Schwingungserhöhung: https://www.monroeinstitute.org/store
- Dir die Omnec Onec Soul Journey Meditation holen, eine schöne Symphonie, die durch alle Bewusstseinszustände fließt: http://omnec-onec.com/meditation-cdsouljourney/
- Dir die ersten drei Minuten der 7. Sinfonie von Beethoven anhören. Laut Bashar hat diese Musik eine tiefgreifende heilende Wirkung: https://www.youtube.com/watch?v=RpJeWvFZ_fg&t=1675s

PUJAS

Eine Puja ist eine Zeremonie, die ihren Ursprung in Indien hat, um hinduistische Gottheiten zu huldigen und zu ehren. Meist wird sie ritualisiert mit weiteren Gegenständen wie einem großen *Thali* (Tablett), Kerzen, Glocke, Tassen/Schüsseln und Löffeln, reinem Wasser, Salbei, Räucherstäbchen, Blumen, Obst, ungekochtem Reis und Bildern bzw. Figuren der Aufgestiegenen Meister.

Die Puja wird in der Sprache des Sanskrits gesungen. Sanskrit wird als die Wurzel aller indoeuropäischen Sprachen angesehen. Die Sprache ist uralt: Sie könnte der Überrest einer Sprache sein, die während des letzten Goldenen Zeitalters gesprochen wurde und ihr Ursprung könnte interstellar sein. Man glaubt, dass Sanskrit-Wörter die exakteste Klangintonation sind, die am genauesten mit dem übereinstimmt, was das Wort beschreibt. Bei richtiger Anwendung in hohen Bewusstseinszuständen glauben manche, dass man mit Hilfe der Sprache des Sanskrits manifestieren kann.

Im Kontext von CE-5 ist die Puja säkularisiert. Die Zeremonie stellt statdessen kein Gebet zu einer bestimmten Gottheit dar, sondern ein allgemeines Gebet, eine Anbetung oder Ehrung des Kosmos oder der kollektiven Linie der Aufgestiegenen Meister (z. B. Buddha, Babaji, Krishna, Jesus, Sai Baba, etc.), die bei der spirituellen Entwicklung unserer Welt geholfen haben und immer noch helfen. Eine Puja während einer CE-5 zu machen kann ganz einfach sein. Stellt einige Kristalle und andere heilige Gegenstände auf einen kleinen Tisch, zündet eine Kerze und Räucherwerk oder Salbei an. Singt ein paar Mal "Om" und singt dann für eine Weile die Puja. Lasst die Kerze und das Räucherwerk so lange brennen, bis das CE-5 beendet ist.

Tipps zu Pujas bei CE-5:

Isha Yoga Guru Pooja
Dr. Greer singt eine sehr lange, aufwändige Puja. Es würde sehr lange dauern, sie auswendig zu lernen, also ist es das Einfachste, sie auf YouTube zu finden und mit einem Online-Konverter in mp3 zu konvertieren (z.B. https://ytmp3.com/). Suche nach: "Joshua Tree 2015 – Puja with Dr. Steven Greer"
https://www.youtube.com/watch?v=iN2dpW2mjn0

Im Nah Mah
Dieses Mantra bedeutet übersetzt "nahe bei Gott" oder "eins mit dem höheren Wesen". Die Melodie dazu ist: G-C-C (oder ein anderes Quintintervall). Nachdem du die Melodie ein paar Mal gesungen hast, damit die anderen die Melodie hören können, führt jeder in der Gruppe den Gesang innerlich für die gesamte Dauer der Meditation fort.

Wie sich das anhört, könnt ihr auf YouTube unter "Cosmic Consciousness Meditation Part 1 of 5" herausfinden.
(https://www.youtube.com/watch?v=vo72V0S2me8)

Gayatri Mantra
Dieses Mantra verehrt die Göttin Gayatri, die man nicht als Gottheit oder Halbgottheit betrachtet, sondern als die einzig höchste Wesenheit. Eine schöne, beschwingte Puja, die unsere Bewegung ins Weibliche feiert, da die Energie der Göttin während des Singens der Puja zunimmt und an Kraft gewinnt. Suche nach "Gayatri Mantra" auf YouTube, um die Melodie zu hören. Es gibt mehrere Versionen, wähle die Melodie, die dir am meisten zusagt.

Om bhoor bhuvah svah
Tat savitur varenyam
Bhargo devasya dhimahi
Dhiyo yo nah prachodayat

Übersetzung:
(Oh) Höchste; (die) die physische, astrale (und) kausale Welt (selbst) ist.
(Du bist) die Quelle von allem, verdienst alle Verehrung
(O) Strahlende, Göttliche; (wir) meditieren (über dich)
Treibe unseren Intellekt (zur Befreiung oder Freiheit)

Moola-Mantra
Dieses Mantra beschwört den lebendigen Gott und bittet um Schutz und Freiheit von allem Kummer und Leid. Schau nach "Moola Mantra" auf YouTube, um Versionen der Melodien zu hören.

Om
Sat Chit Ananda Parabrahma
Purushothama Paramatma
Sri Bhagavathi Sametha
Sri Bhagavathe Namaha

Übersetzung:
Om: Wir rufen die höchste Energie von allem an, was es gibt
Sat: Das Formlose
Chit: Das Bewusstsein des Universums
Ananda: Reine Liebe, Glückseligkeit und Freude
Para Brahma: Der oberste Schöpfer
Purushothama: Der in menschlicher Form inkarnierte, um die Menschheit zu führen
Paramatma: Der zu mir in mein Herz kommt und meine innere Stimme wird
Sri Bhagavati: Die göttliche Mutter, der Kraftaspekt der Schöpfung
Same tha: Zusammen mit
Sri Bhagavate: Der Vater der Schöpfung, der unwandelbar und dauerhaft ist
Namaha: Ich danke dir und erkenne diese Präsenz in meinem Leben an

Das Pushpak Fluggerät von Balasaheb Pandit Pant Pratinidhi, 1916

TÖNEN UND SUMMEN

Keiko, unsere erfahrene Klangspezialistin, mit ein paar Worten zum Tönen und Brummen:

Unsere Stimme kann ein Werkzeug für Heilung und Transformation auf allen Ebenen unserer Existenz sein. Das Tönen ist ein tolles Werkzeug für emotionale Verbesserung und Klärung. Es kann gleichzeitig entspannend und erhebend sein. Brummen kann beruhigend sein und dich in einen tiefen meditativen Zustand bringen.

Wenn wir Tönen oder Brummen, stimuliert der Vokalisierungsvorgang unser Gehirn und die Klangvibration druchläuft das gesamte Innere unserer Körper, noch bevor wir den Ton hören. Wenn wir den Ton hören, stimuliert er weiter das Gehirn und vibriert den gesamten äußeren Körper. All dies bewegt uns auf molekularer Ebene, um uns zurück in einen natürlichen und ausgeglichenen Zustand zu bringen.

Klang ist auch ein Träger von Informationen. Wenn wir ein gewünschtes Ergebnis haben, können wir Klang mit Intention verwenden. Es ist eine sehr kraftvolle Methode, um zu manifestieren, und sie ist einfach und effektiv. Transformation geschieht, wenn du ihre Macht in- und außerhalb von dir erkennst. Genau so, wie du, wenn du mit über hundert Menschen tönst und obwohl du deine eigene Stimme nicht hören kannst, doch weißt, dass du ein Teil der großen Harmonie bist.

Das Tönen oder Summen in einer Gruppe erhöht die Kohärenz, verstärkt die Energie und intensiviert Intentionen. Wenn wir mit liebenden Gedanken und Wertschätzung tönen oder summen, können wir ein kraftvolles Schwingungsfeld der Liebe erzeugen und so Licht auf die Erde bringen.
Tönen und Brummen sind zudem Möglichkeiten zur Kommunikation in höher schwingenden Dimensionen. In unserer Dimension können wir durch Brummen und Tönen mit Babys, Tieren, Pflanzen und natürlich auch mit den Sternenwesen kommunizieren.

<u>Wie man tönt:</u> Gewöhnlich werden zum Tönen langgezogene Vokallaute benutzt wie z. B. AH ("ma"), III (wie in "sie"), UUU (wie in "du"), OH (wie in "froh"), usw. Meist wird der Klang AH zum Tönen verwendet, weil er mit dem Herz-Chakra assoziiert ist und eine kraftvolle Energie besitzt. Man sagt auch, dass in der buddhistischen Lehre AH der Ur-Klang der Schöpfung ist und wir durch das Singen von AH eins mit der universellen Energie sein können. OM, der bekannte Urklang der Schöpfung (in der Hindu-Tradition) wird als AUM (A-UUU-M) vertont.

- Entspanne dich
- Lege deine Intention fest.
- Singe mit einem vollen Atemzug den Vokal. Wiederholen. Du kannst in jeder Tonhöhe, Lautstärke oder Qualität tönen, die für dich angenehm und resonant ist. Höre aber dir und anderen zu, damit du auch harmonisch bleibst. Wenn deine Vokalcodes gestresst sind, dann summe eine Weile, um den Stress zu mildern.
- Sei nach einem Minimum von 5-10 Minuten des Tönens still, um die Wirkung des Tönens zu maximieren.

<u>Wie man summt:</u> Summen ist die einfachste Art, den effektivsten selbst erzeugten Klang zu produzieren. Man sagt auch, dass Summen der Klang der Schöpfung ist und immer in uns ist. Wir summen also immer, ob wir uns dessen bewusst sind oder nicht.

- Entspanne dich. Lege deine Intention fest.
- Schließe die Lippen und halte die Zähne im Ober- und Unterkiefer leicht auseinander.
- Projiziere den Klang in die Mund-, Nasen-, Brusthöhle und den Rest des Schädels.
- Sei nach einem Minimum von 5 Minuten des Summens still, um die Wirkung des Summens zu maximieren.

WEITERE KLANGSACHEN

C# („#" bezeichnet in der Musik die Erhöhung des Stammtons um einen Halbton)
Die Erde erzeugt bei ihrem Umlauf um die Sonne ein tiefes Brummen, das vom menschlichen Ohr nicht gehört werden kann. Bashar, ein ET, der durch Darryl Anka channelt, sagt, dass die Frequenz dieses Tons etwa der Note C# (Engl. "sharp", scharf) der auf unserer musikalischen Skala entspricht. Obwohl die musikalische Bahn der Erde um die Sonne 33 Oktaven tiefer liegt als das mittlere C auf einem Klavier, kannst du trotzdem Nutzen daraus ziehen, dieser Frequenz in dem Bereich zuzuhören, den wir hören können. Bashar sagt, wenn man in diesen Ton eintaucht, wird man Klarheit finden und die Dinge werden leichter werden. Du beginnst buchstäblich, "scharf zu sehen". Die Erde wird dir helfen, so wie sie allem in ihrer Natur hilft. Ihr könntet den Ton im Hintergrund laufen lassen, während ihr bei einem CE-5 meditiert. Es gibt mehrere Versionen auf YouTube:

- C# solo: https://www.youtube.com/watch?v=6Q3KsrB1KM4
- C# mit melodischen Obertönen und binauralen Beats: https://www.youtube.com/watch?v=SBMXxm9X3P4&t=1254s

Anael und Bradfield
Anael und Bradfield sind Musiker, die an dem Projekt "Fire the Grid" mitgewirkt haben, das von Samoiya Shelley Yates geleitet wurde. (Ihre Geschichte ist toll und beinhaltet ET-Wesen – sucht nach "Shelley Yates Vancouver Speech" auf YouTube, um ihre Geschichte zu hören.) "Sky Sent" und "Be Still Thy Soul" sind zwei wunderschöne Lieder, die sich mit der Offenlegung von ET-Wesen und dem Wandel, der jetzt stattfindet, beschäftigen. Ich weiß von einer CE-5-Gruppe, die sagt, dass ET es wirklich zu mögen scheint, wenn man das Lied "Sky Sent" spielt. Hört euch den Text an und ihr werdet verstehen, warum! Erhältlich auf iTunes, oder geht auf: https://anael.net/

Coole Songs mit Bezug zu UFOs oder ET:
Erstellt eine Playlist für die Autofahrt, die euch an jenen besonderen und abgelegenen Ort bringt:

- Anael and Bradfield – Sky Sent
- Babes in Toyland – Calling Occupants of Interplanetary Craft (Cover)
- Billy Bragg – My Flying Saucer
- Billy Thorpe – Children of the Sun
- Blue Rodeo – Cynthia
- The Carpenters – Calling Occupants of Interplanetary Craft (Cover)
- Credence Clearwater Revival – It Came Out of the Sky
- David Bowie – Starman
- Elton John – I've Seen The Saucers
- Five Man Electrical Band – I'm A Stranger Here
- Hüsker Dü – Books About UFOs
- Jefferson Airplane – Have You Seen The Saucers?
- Kesha – Spaceship (Kesha hat 2017 mehrere UFOs in Joshua Tree gesehen)
- Klaatu – Calling Occupants of Interplanetary Craft (Inspired by World Contact Day)
- Spiritualized – Ladies & Gentlemen, We are Floating In Space
- Yes – Arriving UFO

MUSTER FÜR CE-5-PROGRAMME

Gestalte die ersten CE-5s nach einem der folgenden Pläne, bis du deinen eigenen Stil gefunden hast:

Unsere typische CE-5
- Zur Vorbereitung auf das CE-5 meditiert dreimal in der Woche vor der Feldarbeit
- Setzt euch am Tag des Kontakts in einen Kreis und legt die Gruppenintention fest
- Tönt dreimal gemeinsam das Wort "Om" zur Eröffnung
- Führt eine Meditation bei geschlossenen Augen zur Verbindung mit dem Ein-Geist-Bewusstsein durch.
- Macht eine Orientierung für alle an den Sternbildern, Planeten, dem Nordstern usw.
- Macht eine weitere Meditation mit offenen Augen und beobachtet den Himmel
- Beobachtet den Himmel und tauscht Geschichten aus, lacht, esst Snacks, macht es euch im Schlafsack gemütlich
- Zum Abschluss ein Dank an alle und ET

CE-5 für Wissenschaftler
- Setzt euch in einen Kreis und legt Intentionen für den Abend fest
- Macht eine Orientierung am Himmel
- Verinnerlicht die wesentlichen Kontakt-Elemente: Ein-Geist-Verbindung, ein aufrichtiges Herz, klare Intention
- Spielt eine Meditation von Dr. Greer über "Coherent Thought Sequencing"
- Lasst euch von einem Astronomie-Kundigen die Konstellationen, Sterne, Planeten usw. erklären
- Beobachtet den Himmel und lehrt zu erkennen, was ein echtes UFO ist oder nicht
- Besprecht die legitimsten UFO-Begegnungen, offiziell freigegebene Dokumente, etc.
- Diskutiert das Zusammenspiel von Spiritualität und Wissenschaft, Emotionen und Logik, Herz und Verstand
- Stille Himmelsbeobachtung, losgelöst von Analyse/Denken... stattdessen Fokus auf Einheit und/oder Liebe
- Dank und Wertschätzung für die gegenseitige Teilnahme an diesem Experiment zum Abschluss

CE-5 für spirituelle Menschen
- Setzt euch in einen Kreis, haltet euch an den Händen und sprecht ein Eröffnungsgebet
- Legt eine Intention für den Abend fest
- Führt eine klärende Meditation durch
- Lasst jemanden eine Ein-Geist-Meditation leiten
- Beobachtet für eine Weile den Himmel in Stille
- Singt gemeinsam eine Puja oder lasst eine Person sie vorsingen.
- Macht eine Meditation, um gechannelte Botschaften zu empfangen, die an die Gruppe geschickt werden.
- Spielt Klangschalen oder Didgeridoo
- Mehr Himmelsbeobachtung
- Abschluss: An den Händen halten, Segen und Dank an Mutter Erde, Vater Himmel, einander, die Quelle und ET

Matt Maribonas CE-5
- Geht nach draußen
- Denkt an all die Momente in eurem Leben, in denen ihr Liebe gefühlt habt, z. B. als ihr euch verliebt habt, ein Baby im Arm hattet, den Tod eines geliebten Menschen miterlebt habt, ein Eis an einem Sommertag genossen habt, euch ein Welpe über das Gesicht leckte, ihr einem Sonnenuntergang zugesehen, einen Fremden angelächelt, zu toller Musik getanzt, die Harmonie der Natur gespürt habt, usw.
- Schaut auf im Wissen, dass ET da draußen ist, und sagt "Hallo"

Joshs K.I.S.S. CE-5
- Hört euch eine Dr. Greer-Meditation an
- Spielt Pink Floyd und beobachtet den Himmel

CE-5 nach dem Modell einer CSETI-Trainingsexpedition mit Dr. Greer
- Bevor ihr anfangt, spielt Kornkreistöne über Lautsprecher ab. Benutzt ein Walkie-Talkie oder einen Funksender, um die Töne in den Raum zu senden. Tut dies während des Aufbaus und in den Pausen.
- Allgemeine Diskussion, Frage- und Antwortzeit.
- Führt eine Himmelsorientierung durch.
- Verwendet Laserpointer, um ET den Standort des Teams zu signalisieren.
- Beginnt die Puja-Zeremonie, wenn es ein Signal wie ein anomales Licht gibt. Steht für die Zeremonie auf. Alternativ sprecht ein paar Worte der Dankbarkeit, dass wir einander gefunden haben und bereit sind, uns zu dem Zweck zu treffen, kosmischen Frieden zur Erde zu bringen.
- Leitet eine Meditation ein und bleibt dann 30 bis 45 Minuten schweigend in der Meditation. Teilt eine Person als Himmelsbeobachter ein, während die Gruppe bei dieser Meditation die Augen schließt.
- Führt eine Nachbesprechung zur Meditation und Diskussion von etwa einer Stunde durch, während ihr eventuelle ET-Ereignisse beobachtet.
- Macht Pausen für Snacks, gesellige Gespräche und Notdürftigkeiten.
- Macht eine weitere Runde Meditation, gefolgt von Nachbesprechung und Austausch.
- Schließt den Kreis, indem ihr euch an den Händen haltet und ein Gefühl der Dankbarkeit erzeugt.
- Nach der Feldarbeit geselliges Beisammensein mit Wein, Käse und Crackern.

Lyssa Royal Holts CE-5
- Führt eine Eröffnungszeremonie mit Salbei durch und heißt die lokalen Geister und Führer des Landes willkommen.
- Bittet um Erlaubnis für eure Anwesenheit auf dem Land und verwendet dabei ein Mantra wie das Gayatri Mantra.
- Lyssa macht ein Channeling zum Thema des am Tag Gelernten – wenn ihr keinen Channeler habt, wählt ein Thema zur Entwicklung aus und sprecht darüber. Bei Lyssas Veranstaltungen führen ET-Wesen via Channeling die Gruppe weiter durch eine Kontaktmeditation.
- Wenn seltsame Phänomene wie Wetteranomalien auftreten, arbeitet damit, um zu sehen, was jenseits der menschlichen Wahrnehmung geschieht, was sich oft durch die Umgebung zeigt.
- Arbeitet mit einem Foto von ET, um euch mit der Energie des Wesens zu verbinden.
- Die Tagesordnung ist fließend und hängt von den Umständen, Bedingungen, der Gruppe und den Botschaften ab.

CE-5 Aotearoa – CE-5 für neue Mitglieder
- Plant ein informelles Treffen, um das CE-5 vor der Feldexkursion zu planen.
- Wenn ihr einen neuen Ort wählt, bittet ET um Führung und bittet sie, mit einem deutlichen Zeichen zu bestätigen.
- Ladet alle ein, die etwas über CE-5 lernen möchten, innerhalb der Abmachung, was als Team erforderlich ist.
- Übt "Coherent Thought Sequencing" (auf der CSETI-App) vor der Veranstaltung.
- Beim CE-5: Begrüßung durch den Moderator, Vorstellungen, Orientierung am Ort/Himmel, was zu erwarten ist, etc.
- Buddy-System: Lasst Neueinsteiger möglichst mit einem erfahrenen Teilnehmer ein Team bilden.
- Die einzelnen Teilnehmer erzählen von ihrer Intention, an der Veranstaltung teilzunehmen.
- Eröffnung der Veranstaltung mit einer Zeremonie, in der alle, die bei unserem Übergang in den Frieden mitwirken, dazu aufgerufen werden, sich uns anzuschließen. Zeigt Dankbarkeit und dankt ihnen und einander.
- Füllt eure Herzen mit Liebe, indem ihr all das anerkennt, wofür ihr dankbar seid: einander, die Familie, Partner, Haustiere, die Erde, CE-5 praktizieren zu können, usw. (Fortsetzung nächste Seite)

- CTS-Eröffnungsmeditation, dann in die stille Meditation
- Austausch in der Gruppe, dann eine kurze Pause mit Spaziergang über das Gelände für die, die es wünschen, wobei erfahrene Menschen die Neuen bei CE-5 unterstützen.
- Meditationen und Diskussionen/Austausch für den Rest des Abends, mit allem, was sich natürlich ergibt.
- Zum Abschluss eine Zeremonie, Danksagung, Gebet, Musik, etc.

CE-5 Aotearoa – CE-5 für erfahrene Teams
- Plant ein CE-5 für 3 oder 4 Nächte. Mehr Zeit ermöglicht oft tiefere Erfahrungen.
- Beginnt mindestens 2 Wochen vorher mit täglichen "Coherent Thought Sequencing"-Meditationen (CTS) für den Zielort.
- Formuliert die Intention, euch weiter mit ET-Wesen zu verbinden, mit denen ihr den Kontakt bereits aufgebaut habt. Kommuniziert im CTS deutlich, dass ihr euch eine beidseitig vorteilhafte Beziehung wünscht.
- Lernt euch kennen und baut eine Bindung auf, da es hilft, ein kohärentes Team zu bilden. Je näher wir uns sind, desto näher sind sie. Stellt euch beim CTS die Gesichter der anderen vor (auch nicht-menschliche) und konzentriert euch darauf, als Einheit zu arbeiten.
- Erstellt eine E-Mail-Liste für alle, die an der Veranstaltung teilnehmen, und fördert die Kommunikation untereinander.
- Schreibt alle Träume, "Out of Body Experiences" (OBEs), RV, Zahlenfolgen oder andere Erfahrungen auf, die mit der Veranstaltung in Verbindung stehen könnten. Teilt dies mit allen Teilnehmern der E-Mail-Liste.
- Esst eine Woche vor und während des Ereignisses leichte Kost (bevorzugt vegetarisch).
- Beginnt mit einem Eröffnungsgebet/Tönen und lasst darauf einen Austausch in der Gruppe folgen.
- Macht weiter mit einer Resonanz-Energie-Meditation oder ähnlichem, um die Energiezentren aller im Team auszurichten. Verankert das in der Erde und dehnt es nach außen und innen auf alle Parameter aus.
- Haltet den energetischen Raum von Liebe, Freude, Dankbarkeit und Frieden im Zentrum des Teams.
- Haltet die Intention, dass Wesen mit dem Team "verschmelzen".
- Geht durch den bio-elektromagnetischen Kommunikationsprozess, dann in die stille Meditation, dann in das "Sprechen, was ihr seht", was passiert, wenn sich das Team in einem geeinten Zustand des RV befindet (idealerweise) und somit Zugang zu Teilen der gleichen Informationen hat. Bittet um Bestätigung durch anwesende Technologie (Trifield-Messgeräte usw.) und/oder durch eine kollektive Erfahrung (Bilder, Gefühle, ungewöhnliche Empfindungen, Anziehung zu bestimmten Bereichen auf dem Gelände, usw.).
- Wenn es Reaktionen von Messgeräten auf Informationen gibt, geht in eine Frage-Antwort-Runde über: Klärt, mit wem ihr in Kontakt seid "*Bitte bestätigt, dass wir mit einem ET-Wesen in Kontakt sind*" usw., und bittet die Arten von Wesen um Bestätigung (ET, himmlisch, Geist usw.). Wenn ihr ein Messgerät nutzt, stellt Fragen mit einer "Ja"- oder "Nein"-Antwort; "Nein" kann oft Schweigen sein, aber stellt sicher, dass ihr klärt, was "Ja" bedeutet. Wenn es gemeinsame Bilder oder Gefühle usw. gibt, bleibt darauf fokussiert und entwickelt sie weiter, indem ihr energetisch um mehr Informationen/Verstehen bittet. Bittet die anwesenden Wesen, sich mit dem Team zu verschmelzen. Geht mit dem Fluss.
- Konzentriert euch auf den Energiefluss und die "Downloads" von Informationen.
- Tritt ein energetisches 'Lock-on' ein (normalerweise mit einem Trifield-Meßgerät gemessen), kann das Team sich an den Händen halten und die Füße auf den Boden stellen, damit die Energie verteilt und verankert wird. Verteilt die Energie frei unter CE-5-Teams auf der ganzen Welt, indem ihr einfach die Intention habt, dies zu tun. Haltet die Intensität der Downloads leicht, indem ihr das Gefühl der Freude haltet und es in der Erde verankert. Lächelt. ☺ Erlaubt den Informationen, bekannt zu werden.
- Meditationen und Diskussionen/Austausch für den Rest des Abends, mit allem, was sich natürlich ergibt.
- Schließt mit einer Dankbarkeitszeremonie für alle ab, die teilgenommen haben.

Robert Binghams Anleitung zum Herbeirufen von UFOs
- Beginnt mit einem offenen Herzen und offenen Geist. Habt gute Intention. Konzentriert euch auf einen Punkt am Himmel. Sagt telepathisch: "Bitte kommt. Ich danke euch." Beobachtet den Himmel.

CE-5-Aktivitäten während eines Kosta-ETLet'sTalk-Retreats:
- Macht eine Eröffnungsmeditation, mit der ihr die Gruppe miteinander, mit der globalen CE-5-Gemeinschaft und mit dem Universellen Einen verbindet.
- Führt eine Energie-Reinigungsmeditation durch, damit nur positive Energien das Gruppenfeld bilden.
- Macht eine Orientierung und lehrt etwas zu Konstellationen, Sternen und Planeten am Nachthimmel.
- Lehrt die richtige Identifikation von ET-Schiffen und von Menschen geschaffenen Objekten und natürlichen Himmels- und Bodenphänomenen.
- Lehrt richtiges Verhalten bei Sichtungen, einschließlich Himmelsnavigation sowie das Verwenden von Zeigegeräten usw.
- Führt Himmelsbeobachtungen und Meditationen durch. (Wechselt dabei zwischen stiller Himmelsbeobachtung und Himmelsbeobachtung, bei der gesprochen werden darf.)
- Tauscht zu geeigneten Zeiten während der Nacht Geschichten von ET-Kontakten aus.
- Pause für biologische Bedürfnisse, Snacks und Geselligkeit.
- Führt weitere Meditationen im Wechsel mit Himmelsbeobachtungen durch.
- Beendet das CE-5, indem ihr euch an den Händen haltet und allen Anwesenden, einschließlich ET, dankt.

James Gillilands ET-Kontakt
James hat keine Tagesordnung. Die Himmelsbeobachtung auf der ECETI-Ranch ist zwanglos und macht Spaß. Wie James sagt: "Es ist das Land. Sie sind einfach da." James' wichtigster Tipp zur Steigerung von Sichtungen: "Um Kontakt aufzunehmen, musst du deinen Scheiß auf die Reihe kriegen." Das bedeutet Heilarbeit an Scham, Wut, Kritik, Selbstsucht, Anhaftung, Gier, Ego usw. Auf der Ranch ist Freude das Hauptmotiv. Kultiviert eure "Bliss Hits", heißt Lachen und Liebe willkommen und richtet eure Augen auf den Himmel.

Alien Protocols fortgeschrittenesProtokoll
Nehmt euch 2 Wochen Vorbereitungszeit, in der ihr:
- kein Fleisch und keine Eier esst.
- keine Drogen oder Alkohol zu euch nehmt (Medizin und zeremonieller Wein sind okay).
- täglich 2 x 30 Minuten meditiert und euch mit dem Einssein und dem Universum verbindet, eure gesamte Natur versteht, euren genauen Standort zeigt und eine spezifische Bitte um die Begegnung visualisiert, die ihr zu haben wünscht.
- über fünf Tage lang zwei rituelle Duschen nehmt, um schlechte Energie zu entfernen und die Schwingung zu erhöhen.
- euch dreimal euren Ängsten stellt, indem ihr an einem dunklen oder unheimlichen Ort meditiert... stell dich deiner Angst mit Liebe.
- die Theta-Gehirnwellen mit Schokolade, Beifußtee, Strategie-/Wortspielen oder dem Hören von binauralen Beats erhöht.

Die Feldarbeit wird über mindesten zwei Tage an einem sicheren und privaten Ort durchgeführt.
- Reinigt den Ort mit Salbei oder heiliger Tabakverbrennung.
- Meditiert als Gruppe dreimal am Tag und schließt Tai Chi/Sonnengrüße oder Tönen/Summen ein.
- Macht in der Nacht Meditationen, Stimmübungen, harmonische Klangspiele und verbindet euch mit allem.
- Stift und Papier bereitlegen, um Bitten, Affirmationen, Gebete, Gefühle und RV-Eindrücke aufzuschreiben.
- Es gibt noch mehr Protokolle... die "Alien Protocol Group" sagt: "...wenn ihr so weit gekommen seid, werden ihr & sie den Rest auch noch herausfinden... zwinker zwinker!"

Sixto Paz Wells Ratschlag
Wir wissen zwar nicht, wie ein Rahma-Kontakt-Ereignis im Allgemeinen abläuft, aber wir haben Anweisungen von Sixto, die beschreiben, was seiner Meinung nach eine der wichtigsten Fähigkeiten ist, die man bei der Kontaktaufnahme mit ET entwickeln sollte. Siehe "Channeling als Gruppe" im Abschnitt zu Meditationen.

TROUBLESHOOTING

Nicht auf der Höhe:
Wenn du meistens deprimiert, ängstlich, nachtragend, zynisch, skeptisch auf eine feindselige Art und Weise (moderate Skepsis ist eine gute Sache!), wütend, fordernd, gemein, pessimistisch, etc. bist... wirst du trotzdem noch stetige Sichtungen haben... eines Tages! Im Moment aber hast du noch etwas an dir zu arbeiten:

- Finde einen guten Therapeuten oder ein Medium oder nutze das Angebot an Selbsthilfebüchern, Videos oder Informationen.

- Akzeptiere, dass du für dein Leben verantwortlich bist und dass du deine eigene Realität und Zukunft erschaffst, auch wenn du die „Arschkarte" bekommen hast. Ja, das Leben kann manchmal ätzend sein, du könntest allen anderen die Schuld geben und vielleicht hast du auch Recht, aber was bringt dir das? Mobilisiere dich selbst und schalte in einen besseren Gang. Schließe Frieden mit dir und deiner Lage.

Ängste:
Unsere größte kollektive Angst vor einem Kontakt mit ET ist vielleicht nicht die, entführt zu werden oder Hollywoods Darstellung eines Alien-Angriffsszenarios zu erleben. Es ist vielleicht die unterschwellige Angst, unser Ego zu verlieren, wenn wir unsere Schwingung hoch genug anheben, um mit ET zu kommunizieren (siehe: Lyssa Royal Holts Buch "Prepare for Contact"). Wenn man Channel-Quellen Glauben schenken kann, darf man beruhigt sein, da viele wichtige Quellen sagen, dass du mit dem Aufstieg nicht deine Individualität verlierst, selbst wenn du dich schlussendlich wieder mit der Quelle vereinst (Seth, Billy Fingers, die Hathoren). Unabhängig davon, was du für deine Ängste hältst, werden diese Ängste, je öfter du CE-5 machst und je mehr du entspannst und deinen Fokus darauf richtest, was du willst, und nicht auf das, wovor du Angst hast, mit der Zeit verschwinden und du wirst die Erfahrungen bekommen, die du willst.

Und jetzt zu einer sehr häufigen CE-5-Diskussion:

"Gibt es negative ET?"
Darüber gibt es in der CE-5-Welt einiges an Debatten. Dieses Buch ist nicht dazu gedacht, dir darauf Antworten zu geben. Es ist dazu gedacht, dir den Weg in die eigene Erfahrung und Erkenntnis zu öffnen. Manche denken, dass jeder ET mit der Fähigkeit und Technologie, Raum und Zeit zu durchqueren, auch von Natur aus spirituell weiterentwickelt ist. Andere denken, dass "selbstdienliche" Rassen hier waren oder sind und Probleme verursacht haben.

Die Überwindung von Meinungsverschiedenheiten ist ein großer Schritt in deinem evolutionären Prozess. Während du dich entscheidest, an was du glaubst, achte darauf, nicht den Glauben anderer mit Füßen zu treten. Menschen kommen aus gerechtfertigten Gründen zu ihren eigenen Schlussfolgerungen. Alle Menschen sind einzigartig, mit ihren eigenen Persönlichkeiten, Geschichten, Triggern, Ängsten, Wünschen, vorherigen Glaubenssystemen und Realitäten. Ja, ja, du hast wahrscheinlich recht. Und wenn du tatsächlich recht hast und dich mit diesem Abzeichen spiritueller Integrität gleich neben deinem "ICH HABE RECHT"-Button brüsten willst, musst du dich entspannen und zulassen, dass andere aus ihrer eigenen Realität heraus agieren. (Warte mal, war das eine spirituelle Ego-Falle?) Ultimative Realität hat wenig mit festen und unverrückbaren Fakten zu tun. Jedes Wesen ist sein eigenes Universum und die Essenz ihres Lebens liegt eher in ihrer individuellen Wahrnehmung und Einstellung als in ihren Worten oder materiellen Schöpfungen. Einfache Zusammenfassung: Wenn du denkst, dass ein anderer "falsch liegt, weil er falsch liegt", dann liegst du... falsch. Verdammt!

Unabhängig davon, ob du denkst, dass negative ET existieren, können wir dir versichern, dass CE-5 ein sicherer Ort ist. **Wir haben von keiner einzigen negativen Erfahrung mit ET gehört, die sich aus CE-5 ergeben hat.** "Wir" ist eine große Zahl. Dutzende von Menschen haben zu diesem Handbuch beigetragen, mit jahrzehntelanger Erfahrung in einem Netzwerk von Tausenden. Wenn etwas passiert wäre, dann hätten wir davon gehört. CE-5-Leute lieben es zu reden. (Natürlich gibt es Geschichten von CE-5-Leuten, die negative Erfahrungen gemacht haben, mit... anderen CE-5-Leuten!) Zurück zum Thema: Wir glauben, dass es das liebende Herz ist, das kultiviert werden muss, um in diese Arbeit einzusteigen, was negative ET ausschließt... wenn sie existieren.

"Okay, reden wir Tacheles. Besteht irgendeine Möglichkeit, dass ich entführt werde?"
Nicht, wenn du irgendeine Form von CE-5-Protokoll verwendest. Außerhalb von CE-5 musst du dir weniger Sorgen machen als in vergangenen Jahren. Berichte über Entführungen haben abgenommen.
Machen wir einen kurzen Abstecher und reden kurz darüber, was Entführungen sein könnten, da es eine sehr verbreitete Sorge ist. Manche glauben, dass ET, die an Entführungen beteiligt waren, wohlwollende Wissenschaftler waren, die mit unserer DNA arbeiteten, um unsere Art zu schützen und dass der Prozess uns keine Angst machen sollte. Sie glauben, dass diejenigen unter uns, die eine Entführung durchgemacht haben und in der Lage waren, Erinnerungen an das Ereignis zu behalten, sich so an das Ereignis erinnern, wie ein Kind sich an einen medizinischen Eingriff erinnern würde, der gegen seinen oder ihren Willen stattfand, aber auf lange Sicht nutzbringend ist. Andere glauben, dass Entführungen ein teilnahmsloses Projekt waren, bei dem menschliche DNA zur Hybridisierung einer außerirdischen Spezies oder anderen selbstdienlichen Zwecken geerntet wurde. Egal, welchem Lager du angehörst, geht man heute davon aus, dass alle in heutiger Zeit passierenden Entführungen ein Schauspiel des militärisch-industriellen Komplexes sind, um Angst in der Öffentlichkeit zu schüren und alle ET zu verteufeln. Aber selbst in diesem Fall – wann hast du zuletzt von einer Entführung gehört? Vielleicht schrumpft das Erschreck-Budget des Militärs. Was immer sie waren, die Blütezeit der Entführungen ist vorbei.

"Ich muss mir also keine Sorgen machen? Ich mache mir immer noch Sorgen. Überzeugt mich."
Naja, vielleicht solltest du ein ganz kleines bisschen vorsichtig sein, was negative Wesenheiten angeht.

"Hast du gerade negative Wesenheiten gesagt? Was zur Hölle?!"
Keine Panik. Was ist eine negative Entität? Wenn diese Unterart von Leben existiert, könnte sie Geister, Spirits, Interdimensionale, negative Gedankenformen, schlechte Vibes, etc. einschließen. Das mag beängstigend klingen, aber wenn du ein guter Mensch bist und dich allgemein meistens gut fühlst, bist du sicher. Ich habe dieses Thema mit einer Channelerin erörtert, der ich vertraue. Ihre Guides sagten, dass negative Wesenheiten heutzutage meistens relativ harmlos sind, weil sich die Menschheit auf der Schwingungsskala nach oben bewegt hat. In lange vergangenen Tagen waren "dämonische" Besessenheit und verstörende Auswirkungen negativer Entitäten häufiger. Negative Wesenheiten werden zu uns hingezogen, weil wir eine mächtige physische Kraft sind, die sie ausgleichen und ihnen helfen kann, sich aus ihrer hilflosen Starre zu bewegen. Sie sind eher parasitär als alles andere und nähren sich von unserer Energie. Sie sagte mir, dass reichlich von ihnen da sind, und zu bedenken, dass unsere Umgebung auch von positiven Wesenheiten überfließt. Wenn du hoch schwingst, wirst du die Plagegeister gar nicht erst bemerken. Wenn du dir ein paar anhängliche Wesen abklopfen willst, sind Salbei oder Süßgras aufgrund der dichten, reinigenden Eigenschaften des Rauchs sehr effektiv. Oder mache ein Clearing, wie es James Gilliland im Kapitel „Meditationen" vorstellt. Achte darauf, dass du den subtilen Unterschied zwischen "sich schützen" und "heilen/reinigen" verstehst. Das eine positioniert dich als Opfer, das andere als Sieger. Negative Wesenheiten sind nur so mächtig, wie du sie sein lässt. Woher weißt du, ob du einen dieser belanglosen Quälgeister angezogen hast? Du kannst es an deinem Gefühl und Verhalten erkennen. Selbst wenn du nicht an negative Entitäten glaubst, solltest du vielleicht etwas dagegen tun, wenn du gemein bist oder dich die ganze Zeit beschissen fühlst, oder sehr traurig, ängstlich oder müde bist!

Troubleshooting

"Ich hänge bei der Sache mit den negativen ET fest"
Kein Problem, wir haben viele in unserer Gruppe, die glauben, dass es negative ET gibt, weswegen wir uns damit intensiv beschäftigt haben. Lass uns dich mit diesen Theorien beruhigen:

- Manche Ursprungsgeschichten und Channelings deuten darauf hin, dass der Prozess der Enthüllung einer der Wege planetarer Entwicklung ist. Du bist vielleicht Teil einer spirituellen Crew, die von einem dunklen Planeten zum anderen reist, um die Wesen, die dort unter Tyrannei leben zu erheben, indem ihnen geholfen wird, Kontakt mit anderen Zivilisationen aus dem All aufzunehmen. CE-5 und die Enthüllungen könnten ein sakraler Prozess einer planetaren Anhebung sein, der universell gestützt wird und mit dem nicht durch negative Wesen gespielt werden kann.

- Entsprechend der "CE-5 ist heilig"-Theorie ist es sehr wahrscheinlich, dass eine galaktische Föderation, bestehend aus Vertretern hochentwickelter Zivilisationen, kooperiert, um ET-Rassen mit einer feindseligen Agenda zu beschränken, wenn sie das universelle Gesetz brechen. Wir alle haben das Recht auf freien Willen, einschließlich der Teilnahme am Leben als Täter und Opfer. Viele glauben jedoch, dass die Korruption auf diesem Planeten inzwischen viel zu weit gegangen ist. Die Erde braucht Hilfe. Wenn also Wesen des "Dienstes an sich selbst" eine Grenze überschreiten, bringen Legionen von Wesen des "Dienstes an anderen" Hilfe.

- Zur Untermauerung dieser Theorien und in Übereinstimmung mit dem Rückgang der gemeldeten Entführungen, sagen mehrere Channelings, dass alle negativen ET, die da draußen existieren mögen, irgendwann in den 1990er-Jahren von der Erde vertrieben und exkommuniziert wurden.

- Lassen wir die Theorien beiseite und betrachten wir die Sache vom Standpunkt des Gesetzes der Anziehung. Menschen, die sich zu einer Kontaktaufnahme hingezogen fühlen, schwingen bereits auf einem hohen Niveau, und Kontakt mit Wesen einer niederen Schwingung passt einfach nicht. Überlege einmal: Jeder, der bereit ist, wie ein Spinner auszusehen und CE-5 auszuprobieren, zeigt ein Furchtlosigkeitsniveau erster Klasse.

- Zu guter Letzt ist in einer Gruppe von Menschen der Kontakt im Allgemeinen auf die Ebene des "kleinsten gemeinsamen Nenners" beschränkt. Wenn z. B. eine Person für einen direkten Kontakt von Angesicht zu Angesicht bereit ist, der Rest der Gruppe aber noch nicht, dann wird das auch nicht passieren. Umgekehrt bedeutet das: Wenn eine Person in einer Gruppe glücklicher Menschen eine viel niedrigere Schwingung hat, wird alles von der Kraft der glücklichen Menschen ausgeglichen und so ist die Möglichkeit einer Interaktion mit einem negativen ET oder Wesen ausgeschlossen.

Letztendlich musst du eine Entscheidung treffen, wie deine eigene Realität aussehen soll. Aus gutem Grund ist das Leben ein riesiges Buffet von Gegensätzen: damit du frei wählen kannst. Akzeptiere, dass Negativität in jeder Form ein Teil des Lebens ist, aus dem wir lernen, damit wir die Realität erschaffen können, die wir wollen. Es ist deine Show! Achte gut auf dich selbst und dein eigenes Wachstum, mache ein Clearing, wenn du dich unwohl fühlst, und umgib dich mit positiven, glücklichen und freundlichen Menschen. Vertraue vor allem deinen Sinnen. Erspüre die Schwingungen in jeder Situation, die deines Weges kommt. Du wirst wissen, wann du dich abwendest oder ihr zuwendest. Du packst das.

"Ich bin immer noch ängstlich"
Erzwinge nichts. Siehe "Nicht auf der Höhe", das 1. Segment dieses Abschnitts.

> Tipp: Wenn du an Channelings glaubst, benutze dein Urteilsvermögen, um sicher zu sein, dass die Informationen gut sind ... einige Channelings sind anfällig für schlechte Einflüsse oder werden einfach nicht klar empfangen.

1 SICHTUNG IN 6 EINSÄTZEN

Wir glauben, wenn du dich auf die drei Kernelemente konzentrierst:

1. Verbindung zum Ein-Geist-Bewusstsein
2. Ein aufrichtiges Herz
3. Klare Intention

… wirst du innerhalb von sechs Exkursionen eine Sichtung erleben.

Wenn du mit ein paar anderen Leuten losziehen kannst, umso besser. Probiere es mit einigen der Vorschläge aus dem Buch. Du brauchst weder Laserpointer noch Radarscanner – nur dich draußen unter den Sternen.

Wenn du deine Sichtungen bekommst, lass andere auch daran teilhaben! Was du gesehen oder erlebt hast oder wie dein Prozess war... Komm auf ETLet'sTalk oder eine Facebookseite und spuck es aus!

- ETLet'sTalk: http://etletstalk.com/
- The CE-5 Initiative: https://www.facebook.com/groups/205824492783376/
- CE-5, UFO, SIRIUS: ETLetsTalk.com: https://www.facebook.com/groups/1593375944256413/
- CE-5 Universal Global Mission: https://www.facebook.com/groups/1827858540868714/

Wenn du den Anweisungen im Handbuch gefolgt bist und nach sechs CE-5s keine Sichtung hattest, schick uns eine E-Mail. Finden wir zusammen heraus, was dein Widerstand ist:

calgaryce5@gmail.com

Wie James Gilliland sagt: "Kontakt beginnt von innen." Wir hoffen, dass dieses Handbuch dich inspiriert, aktiv zu werden und dein inneres Selbst zu erweitern.

Jährliche UFOSichtungen: 1910 - 2010

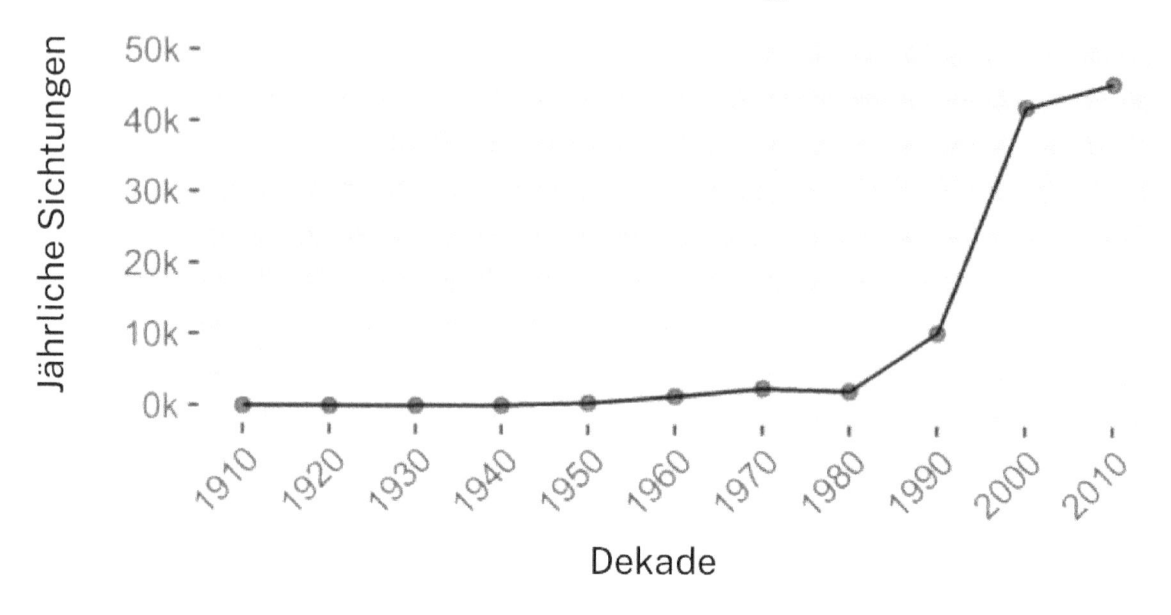

Daten von: Nationales UFO-Meldungszentrum
Zusammengestellt von: Sam Montfort

KAPITEL 3:

MEINUNGS-EDITORIAL/ ANHANG UND SONSTIGES

UNTER FALSCHER FLAGGE

Wenn du skeptisch bist und es bis hierher geschafft hast, beglückwünschen wir dich zu der Fähigkeit, andere Perspektiven zu tolerieren. Was auch immer die ultimative Realität ist, du zeigst ein Niveau der Evolution, von dem wir glauben, dass das zu Sichtungen beitragen wird! Nun... testen wir dich noch weiter.

Eine "False Flag" ist ein terroristischer Akt, der gegen die eigenen Bürger begangen wird, um sie gegen einen Feind von Außen zu vereinen und von der wahren Bedrohung abzulenken, die in Wirklichkeit aus dem eigenen Land kommt.

Wernher von Braun war ein deutscher Raumfahrtingenieur, der nach dem II. Weltkrieg im Rahmen der Operation Paperclip in die USA gebracht wurde. Seine Assistentin beschreibt seine ihr gegenüber ausgesprochenen Warnungen vor einer "False Flag"-Operation von epischem Ausmaß:

> "Was für mich höchst interessant war, war ein sich wiederholender Satz, den er während der etwa vier Jahre immer wieder zu mir sagte, in denen ich mit ihm zusammenarbeiten durfte. Er sagte, dass die Strategie, mit der die Öffentlichkeit und Entscheidungsträger aufgeklärt werden, auf Panikmache basierte... zuerst werden die Russen als Feind betrachtet. Tatsächlich waren sie 1974 der Feind, der identifizierte Feind... Dann würden Terroristen identifiziert, und das folgte auch bald. Wir hörten eine Menge über Terrorismus. Dann würden wir "Verrückte" aus Ländern der Dritten Welt identifizieren. Wir nennen sie jetzt 'Nations of Concern'... Der nächste Feind waren Asteroiden. Nun, an diesem Punkt hat er ein wenig in sich hineingelacht, als er das zum ersten Mal sagte. 'Asteroiden – gegen Asteroiden werden wir weltraumgestützte Waffen bauen.' Und das Komischste von allem war das, was er Aliens, Außerirdische, nannte. Das würde der finale Schrecken sein. Und immer und immer wieder während der vier Jahre, in denen ich ihn kannte und Reden für ihn hielt, brachte er diese letzte Karte zur Sprache. 'Und denk daran, Carol, die letzte Karte ist die Alien-Karte. Wir werden weltraumgestützte Waffen gegen Außerirdische bauen müssen und alles daran ist eine Lüge.'"
>
> -Carol Rosin

Dr. Greer hat ebenfalls Insider-Informationen zu der Möglichkeit erhalten, dass der militärisch-industrielle Komplex eine "Alien-Invasion" vortäuschen könnte, um seine Macht zu festigen und seine Existenz zu rechtfertigen.

Eine parallele, ähnliche Möglichkeit wird dadurch gestützt, dass Barbara Marciniak über eine vorhergesagte Zeit gechannelt hat, in der eine ET-Rasse die Macht als unser neuer Führer übernimmt und wir sie in unserer Naivität wie Götter verehren.

Zum Glück macht die bloße Existenz der Dokumentation "Unacknowledged" jetzt eine ernste Delle in jede dieser ruchlosen Möglichkeiten. Wenn eine solche Farce ins Rollen kommen sollte, wird es nicht viel Arbeit sein, den Dokumentarfilm mit geliebten Menschen zu teilen, um die Gemeinschaft mit Wissen zu ermächtigen. Das, und CE-5-Gruppen auf der ganzen Welt können Medien kontaktieren und Beweise für ihre Erfahrungen mit der Kommunikation mit wohlwollenden Wesen vorlegen. Vielleicht willst auch du dein Verfahren aufzeichnen, Filmmaterial sammeln und Berichte über Heilungen nur für diesen Zweck aufbewahren.

> Seit 2001 engagiert sich Carol Rosin politisch, um die Bewaffnung des Weltraums zu stoppen. Carol ist die Speerspitze des "Vertrags zur Verhinderung der Platzierung von Waffen im Weltraum". Dein bester Beitrag ist ein Brief in deinen eigenen Worten an die Präsidenten der Nationalstaaten. Für weitere Informationen schaut unter: http://peaceinspace.com

FREITAG

Charles Brygdes, ein Landsmann aus Alberta und CE-5-Leiter, sagt, dass er jede Woche denkt: "Vielleicht ist dies der Freitag der Enthüllung!" Er konzentriert sich auf diesen Tag, weil der UFO-Forscher Richard Dolan vorschlug, dass die Enthüllung an einem Tag stattfinden wird, an dem die Börse für ein paar Tage geschlossen werden kann, während die Welt unter Schock steht (und sich hoffentlich ein wenig stabilisiert). Die Enthüllung kann unangenehme und herausfordernde Folgen haben. Aus diesem Grund lassen Regierungen auf der ganzen Welt Dokumente langsam durchsickern, damit wir uns an das neue Paradigma gewöhnen können.

"Wann wird die Enthüllung stattfinden?"
Eine gute Frage. Richard Dolan hat gesagt, dass es eine Chance von 90% gibt, dass es innerhalb von zwanzig Jahren passieren wird, und dass seine Vorhersage zurückhaltend ist. (Sein Zitat stammt aus dem Jahr 2016, was heißt, dass es 2036 wäre.) Bashar, wie von Daryl Anka gechannelt, sagt vorher, dass es zwischen den Jahren 2030 und 2033 sein wird. Bashar macht nicht oft oder leichtfertig Vorhersagen und hat 9/11 exakt bis aufs Jahr vorhergesagt. Diese Raterei ist natürlich relativ zu unseren eigenen Handlungen. Wie wirst du zur Offenlegung beitragen?

"Was ist mit 'denen' – was ist, wenn 'die' die Enthüllung nicht zulassen?"
Wir wissen, dass die Kriminellen, die derzeit an der Macht am Steuer der Welt sind, versuchen, die Offenlegung zu verhindern, um diese unterdrückerische Tyrannei der Sklavenarbeit aufrechtzuerhalten. Woher wissen wir, dass ihre „False Flags" und Verschleierung ohne Erfolg bleiben?

Die Antwort liefert die Geschichte von Bill Brockbrader. Bill war ein Militärspezialist mit Top-Secret-Zugang, der in Friedenszeiten Tomahawk-Raketen in kleine afghanische Dörfer flog. Bill erkannte, dass das, was er tat, falsch war und schied schließlich aus dem Dienst aus. Er wurde dann Mitglied von Anonymous. Edward Snowden, der berühmte ehemalige CIA-Computer-Typ, der uns die Wahrheit über die NSA verriet, war ebenfalls Teil derselben Anonymous-Zelle. Edward brauchte einen Lockvogel, denn wenn in der Außenwelt etwas passiert, was die Geheimdienste aktiviert, geht die interne Sicherheit herunter. In der Anonymous-Zelle sagten alle: Offensichtlich muss der Lockvogel Bill sein – er hat die beste Geschichte. Also trat Bill auf den Plan und machte ein Interview mit Kerry Cassidy, in dem er diese Kriegsverbrechen aufdeckte, während Edward Terabytes an Daten herausschmuggelte und sich dann in ein Asyl aufmachte. (Danke, Russland!) Bill wurde verhaftet und zu einer Gefängnisstrafe verurteilt, und als er dann entlassen wurde, tauchte er unter. Seine Geschichte ist wirklich heldenhaft. Aber jetzt, wo du den Kontext hast, wer Bill ist, kommt der pikante Teil (als ob das alles nicht schon pikant genug wäre?): Als Bill noch für das Militär tätig war, wurde er wegen seiner Intelligenz und PSI-Fähigkeiten gebeten, an einem Nebenprojekt mitzuwirken. Man bat ihn, sich das Projekt "Looking Glass" anzusehen, ein Gerät, welches das MIC früher verwendete, um die Zukunft vorherzusagen. Sie fragten ihn: "Welche Zeitlinie wird gewinnen?" Bill schaute sich die Daten genau an und antwortete: Alle potentiellen Zeitlinien sind zu einer Zeitlinie kollabiert; es gibt nur noch einen Ausgang. Der Rest von dem, was hier auf der Erde passiert, ist wie das Endspiel eines schlechten Verlierers beim Schach, der sich nicht mit Würde mit der Niederlage abfinden will und stattdessen mit allen Mitteln darum kämpft, seine Herrschaft zu verlängern. Spoiler-Alarm: Die Guten gewinnen.

Ich kann mich persönlich für Bills unermüdliche Partnerin Eva Moore, ebenfalls Kanadierin, verbürgen, die selbst auch Whistleblowerin und Aktivistin ist. Ich kenne sie seit vielen Jahren und sie ist eine der aufrichtigsten, tapfersten und stärksten Frauen, die ich kenne.

Ob an diesem Freitag oder an 982 Freitagen ab jetzt, die Enthüllung wird kommen!

FREIE ENERGIE

Es gibt ein sehr gutes YouTube-Interview mit Daryl Anka über den Aufstieg und die Neue Weltordnung (https://www.youtube.com/watch?v=vRtbvXp3wkw).
Hier ist eine Zusammenfassung mit einigen unserer Gedanken dazu:

- Niemand hat dich unter Kontrolle.

- Sobald du die eigene Macht erkennst und deine Frequenz anhebst, werden sich die von dir am meisten gewünschten Manifestationen entfalten. (Oder anders betrachtet wechselst du deine Frequenz und ziehst in ein besseres Paralleluniversum.)

- Wir verankern praktisch alles, wogegen wir kämpfen, in unserer Realität.

- Je mehr wir uns auf die Dinge konzentrieren, die wir nicht wollen, desto mehr erleben wir sie.

- Damit Dinge sich ändern, müssen wir eine Realität BEVORZUGEN, statt sie zu BRAUCHEN.

- Wenn wir etwas verzweifelt wollen, bewegt es sich ständig von uns weg und wir laufen ihm ständig nach.

- Es gibt niemanden, der uns freie Energie "vorenthält". Wir brauchen keine Offenlegung, um an freie Energie zu gelangen. Viele Menschen haben Freie-Energie-Geräte erschaffen. Von manchen werden die Geräte konfisziert, Labore niedergebrannt oder sie werden sogar getötet. Manche haben freie Energie geschaffen und ihre Methoden wurden nicht eingezogen. (Jemand in unserer Gruppe hat eine Freie-Energie-Demonstration in Quebec von Daniel Pomerleau gesehen. Niemand war bis heute in der Lage, sie zu verstehen oder zu replizieren! Wir vermuten, dass er wahrscheinlich sein eigenes Energiefeld bzw. sein Bewusstsein als Katalysator verwendet, was der Grund sein könnte, warum sein Gerät nicht konfisziert wurde). Aber, konfisziert oder nicht, unsere Forscher werden die Inspiration erhalten, um sie erneut zu erschaffen und die richtige Intuition wird uns leiten, dies in Sicherheit tun zu können. Wenn wir im Einklang mit der Quelle sind, werden die richtigen Ideen zur richtigen Zeit ankommen.

- Angst zieht das, was du nicht willst, wie ein Magnet zu dir, aber ein wenig Vorsicht ist ein guter Begleiter. Hier ist das, was wir über die sichere Entwicklung von freier Energie erfahren haben. Sobald man ein Gerät für freie Energie einschaltet, kann eine Scan-Technologie lokalisieren, wo diese Energie erzeugt wird. Und dank Edward Snowden wissen wir, dass "sie" jede digitale Aktion verfolgen können, die du durchführst. Mutmaßlich ist es sogar egal, ob dein Handy ausgeschaltet ist. Wir haben auch gehört, dass es Satellitenkameras gibt, die live in deine Nachbarschaft zoomen können. Das ist ein Puzzle, an dem wir vorbei müssen, aber es kann und wird kreativ gelöst werden.

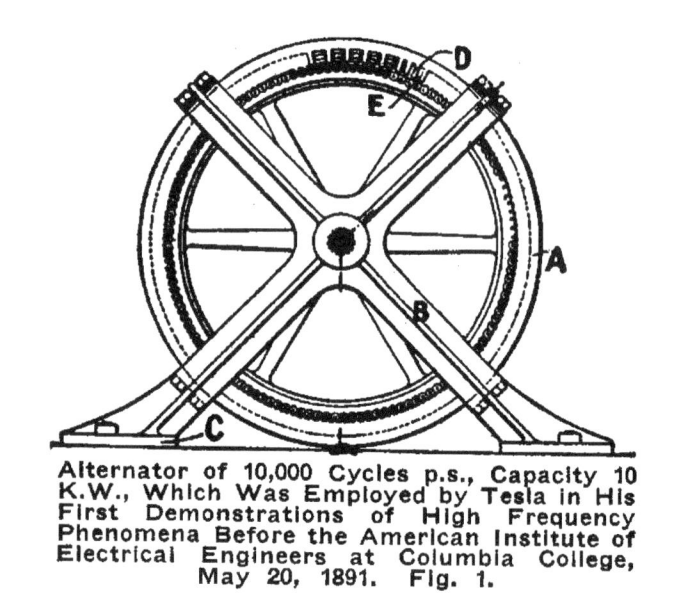

Alternator of 10,000 Cycles p.s., Capacity 10 K.W., Which Was Employed by Tesla in His First Demonstrations of High Frequency Phenomena Before the American Institute of Electrical Engineers at Columbia College, May 20, 1891. Fig. 1.

DIE WELT IM WANDEL

Du musst die Welt nicht wirklich retten. Wir BRAUCHEN keine Enthüllung. Wir sind hier, um zu wachsen. Die Erde könnte in Millionen Stücke zerspringen und so tragisch das auch wäre, wäre es letztendlich in Ordnung. Vielleicht gibt es eine Parallelwelt, in der das bereits geschehen ist. Vielleicht gibt es Erden, auf denen das Goldene Zeitalter bereits in vollem Gange ist. (Wie sind wir hier steckengeblieben?) Das nimmt irgendwie den Druck weg, oder? Wir sind ewig und forschend und existierend, in jeder Realität und in jedem Ausgang.

Was ist mit dem Erheben der Menschheit? Von dir selbst zu geben ist ein Nebenprodukt deiner Expansion. Es fühlt sich gut an. Wenn wir uns ausdehnen, wollen wir also immer mehr geben. Es ist ein natürlicher Impuls und das Ergebnis deiner Evolution. Während du dich ausdehnst, wirst du erkennen, dass wir alle Eins sind und dass jedes Unrecht, das einem zugefügt wird, ein Unrecht ist, das allen zufügt. Du wirst erkennen, dass du wirklich jeder und alles bist. Es ist ein komisches Paradoxon, denn obwohl du zu Beginn zwanghaft mehr im Namen aller zu handeln versuchst, wirst du auch erkennen, dass du dich nicht um die anderen "Dus" auf ihrer eigenen Reise oder um den Ausgang von alldem sorgen musst. Jeder Mensch hat immer noch seinen eigenen freien Willen. Du kannst niemanden kontrollieren. Konzentriere dich auf dich selbst, genieße es alles, und am Ende wird alles perfekt werden, selbst wenn es das nicht tut.

Was immer du tust, verfluche nicht das, was du nicht willst. Urteil verankert das, was du hasst, in der Realität. Der Schlüssel, dahin zu kommen, wo du sein willst, liegt darin, zu **bevorzugen** statt zu **brauchen**. Wenn du also über die Federal Reserve nachdenkst und die kriminelle Tyrannei und Versklavung, die sie so meisterhafter manipuliert haben, sage dir einfach selbst: "Ich bevorzuge... (setze hier deine Vorlieben ein)." Wenn du aber Angst vor diesem Syndikat hast, gibst du deine Macht ab. Und vielleicht springst du sogar in eine parallele Realität, in der Island sie nicht schon per Arschtritt aus dem Land geworfen hat (Ja, sie haben es getan, und wir können es auch!). Wie ein Sprichwort sagt: Was du am meisten fürchtest, wird wie ein Magnet von dir angezogen. Igitt.

Was ist zu tun? Ergreife inspirierte Maßnahmen – tue, was dich froh macht! Erkenne, dass wir alle Eins sind und wenn du Macht, Freiheit und Souveränität für dich selbst willst, handle für alle im Geiste der Liebe und wir werden dort alle gemeinsam hinkommen und das einfordern, was schon immer unser war. Schreibe deine eigene Rolle, die du in diesen aufregenden Zeiten spielen möchtest, und genieße vor allem den Prozess. Das Leben soll SPASS machen!

Wir wollen mit dir unsere Präferenz teilen: Dass du tust, wozu du dich auch immer berufen fühlst und diesen Weg trotz der Ängste gehst und dabei die Meinungen anderer ignorierst, einschließlich dessen, was wir dir auf unserer eigenen Seifenkiste zu verkaufen versuchen. Allerdings hast du dieses Dokument zur Hand genommen. Deshalb denken wir, dass du vielleicht ein Teil der Vision sein willst, die wir für unsere Zukunft deutlich sehen können. Wir würden uns wahnsinnig freuen, wenn du CE-5 zu einem Teil deines Leben machen würdest, denn #1 wissen wir aus erster Hand, wie viel Spaß es macht, und #2 wäre es toll, wenn mehr Menschen das Wissen, dass ET real sind, an alle unsere Lieben weitergeben würden, mit Augenzeugenberichten aus erster Hand als Beweis.

Wir brauchen zwar keine schnellere Enthüllung, aber es wäre doch schön, oder? Lasst uns daher Teil einer Realität sein, in der die Enthüllung eher früher als später erfolgt, und wir alle können die Fülle genießen, die uns zusteht.

PEOPLE'S DISCLOSURE MOVEMENT

Wie können wir helfen, dass sich die Enthüllung entfaltet? Dazu wurde die Initiative "People's Disclosure Movement" von einer Gruppe von Menschen gegründet, welche die Macht des Beitrags des einfachen Mannes erkannten und ihm in dieser Form eine Stimme gaben. Kosta Makreas hat diese Bewegung im Oktober 2010 gegründet. Die Bewegung hat Tausende von Menschen auf der ganzen Welt mobilisiert. Sie hat Menschen von "Glaubenden" in "Wissende" verwandelt. Sie hat dazu geführt, dass Menschen ihre Macht von den Autoritäten zurückerobert haben. Ein Teil dieser Bewegung ist auch "The Global CE-5 Initiative" alias "ETLet'sTalk", die seit der Gründung im Jahr 2010 monatlich ET-Kontaktteams ins Feld schickt. Ihr könnt Teil dieser vernetzten Gemeinschaft werden unter: http://etletstalk.com/

Du bist ein einflussreicher und integraler Bestandteil der Enthüllung. Das UFO-Thema ist aber ein heißes Eisen. Du wirst dich wirklich aufreiben, wenn du herumgehst, um Leute von deiner Wahrheit zu "überzeugen". Spare es dir – es ist Zeitverschwendung. Aus einer auf universellem Gesetz basierenden Perspektive würde das sowieso heißen, dass du diese Menschen und diese Realität an dir verankern würdest – alles, wogegen du auch immer kämpfst, bindest du mit Handschellen an dich.

Was du tun kannst, ist ein Botschafter der Menschheit zu werden. Und das geht ganz einfach:

- Veranstalte jeden Monat ein CE-5-Treffen.
- Wenn dich Familie, Freunde und Arbeitskollegen fragen, was du am Wochenende gemacht hast, erzähle es ihnen. Wenn du regelmäßig CE-5 machst, hast du immer irgendeine Art von UFO-Neuigkeiten zu erzählen.
- Zeige ganz frei, wer du bist und was deine Leidenschaften sind. Ich sage den Leuten oft, wenn ich sie zum ersten Mal treffe, dass ich eine UFO-Verrückte bin.

Das ist alles! Wie funktioniert das? Zunächst einmal bringt es Worte wie UFO, ET, CE-5 usw. in den täglichen Sprachgebrauch unseres Bewusstseins als Ganzes. Jede beiläufige Erwähnung legitimiert die Bewegung.

Zweitens ist deine Geschichte wichtig. Für den durchschnittlichen Menschen ist es verlockend und interessant. wenn du deine Geschichte erzählst und nicht zu bekehren versuchst. Die meisten Menschen glauben, dass wir nicht allein im Universum sind. In kleinerer Zahl (aber irgendwie lauter) sind die Skeptiker, die sich auch angesichts unwiderlegbarer Beweise, die von Regierungen herausgegeben werden, nicht überzeugen lassen werden. Wenn du aber sagst, dass du ein unerklärliches Licht mit anderen Zeugen am Himmel gesehen hast, das sich auf eine Art und Weise bewegt hat, wie sich kein anderes konventionelles, vom Menschen erbautes Fluggerät bewegen kann, und du warst nicht high, ensteht eine Bruchlinie in ihrer Realität. Es ist ein Riss, der sich langsam bewegt, aber diese gepflanzten Saaten sind wichtig.

Kostas Inspiration, "The People's Disclosure" und das darauffolgende Netzwerk ETLet'sTalk zu gründen:

"Im Juli 2010, nach fast 4 Jahren des tiefen Eintauchens in das CE-5-Training mit VIELEN erfolgreichen ET-Kontakten, wusste ich, dass es Hunderte, vielleicht Tausende von Menschen genau wie mich auf der ganzen Welt gab, die dasselbe taten.

Ich hatte eine Inspiration: warum nicht uns alle zu einer kohärenten Gemeinschaft verbinden? Vielleicht würde das unsere Bemühungen synergetisch verstärken. Ich fragte meine spirituelle Führung, ob es die Zeit, Energie und Mühe wert sei, so viele in solch einem Ausmaß zu 'organisieren'.

Ich war erschrocken, als ich eine telepathische Kommunikation von etwas erhielt, das ich inzwischen als eine ET-Quelle erkannte:

'Erstelle so viele Kontaktteams wie möglich, an so vielen Orten wie möglich, so schnell wie möglich.'

...erschienen mir die Worte im Geist.

'Was wird das bewirken?', fragte ich.

'Wenn mehr Menschen darum bitten, uns am Himmel zu sehen, wird uns das die Erlaubnis und Gelegenheit geben, an viel mehr Orten auf eurer Welt zu erscheinen. Das wird dazu führen, dass uns noch mehr Menschen sehen ... die dann in größerem Umfang darum bitten werden, uns zu sehen. Dies wird uns erlauben, an noch mehr Orten zu erscheinen, und so weiter. Wir nennen dies einen "Tugendkreis". Eines Tages werden die Beweise für unsere Anwesenheit am Himmel eurer Welt zu überwältigend sein, um sie zu leugnen.'

Ich war überrascht über diese Information, aber sehr, sehr glücklich. Ihre Bitte war einfach, klar und deutlich!"

Dr. Greer folgt demselben Pfad. Die Enthüllung wird nicht mehr von den Regierungen oder den Kartellen kontrolliert. Sie findet bereits statt und es liegt an uns, uns zu befreien. Greer inspiriert jeden von uns zum Handeln mit einem Spruch, der den Studenten an der medizinischen Fakultät eingetrichtert wurde:

"Lerne eine Sache, tue eine Sache, lehre eine Sache."

Wir stimmen in diesen Chor mit ein und laden dich ein: Gründe ein Team und lehre dann andere, ihr eigenes Team zu gründen. Sei Teil einer der größten und aufregendsten Bewegungen, die helfen wird, Frieden auf diesen Planeten zu bringen.

VORSICHT VOR SPALTUNG

Wir sind alle Eins. Verurteilen wir einen anderen, verletzen wir uns selbst.

Wenn du hörst, wie jemand einen anderen kritisiert, denke daran, dass jeder Angriff ein Ruf nach Hilfe ist. Vergib dem Angreifer. Sage etwas aufmunterndes über die Person, die kritisiert wurde. Fokussiere die Aufmerksamkeit neu auf die Heilung des Angreifers. Was braucht er? Die meisten Menschen wollen einfach Liebe. Liebe sie.

Wenn du in deine eigene Erleuchtung hineinwächst, wirst du jeden lieben. Sogar Hitler. Das liegt daran, dass wir auf dem Weg unserer Entwicklung einschließender und weniger ausschließend werden. Wir verstehen die ultimative Realität auch besser: dass wir in diese Form kommen und einander schreckliche Dinge antun, im Wissen, dass am Ende das Ergebnis sicher ist und alles nur ein Spiel für uns war, um zu erfahren, wer wir wirklich sind. Wir sind Liebe. Wer kann schon sagen, ob dein schlimmster Feind nicht dein Herzallerliebster ist, der in diesem Leben seine Rolle perfekt spielt?

Denkst du, dass jemand naiv, böse oder gar ein Desinformant ist? Segne sie, dann ignoriere sie und lass sie ihr verrücktes Leben führen. Denkst du, dass du nie ein früheres Leben hattest, in dem du genauso unentwickelt warst? Garantiert haben wir alle in vergangenen Leben vor langer Zeit abscheuliche Dinge getan. Schreckliche Dinge, die uns, wären wir ihrer bewusst, für den Rest unserer Tage nicht mehr schlafen lassen würden.

Jedes Mal, wenn jemand einen anderen verurteilt, rückt der Kontakt in weitere Ferne. Das gilt für jeden. Wer hat dir Unrecht getan? Deine Mutter, dein Bruder oder ein(e) Ex-Geliebte(r)? Wow – da haben wir alle wohl richtig was zu tun!

> "Um offenen Kontakt zu bekommen, müssen wir viel mehr Zusammenhalt bekommen und aufhören, uns zu streiten... uns zu weigern, unsere Schwingung zu erhöhen, ist eine Entscheidung, keinen Kontakt zu einer Zivilisation aufzunehmen, die viel höher schwingt als wir."
> — Daryl Anka/Bashar

> "Wenn wir uns nicht in unseren Ähnlichkeiten vereinen, werden wird uns in unseren Unterschieden auflösen."
> — Samoiya Shelley Yates

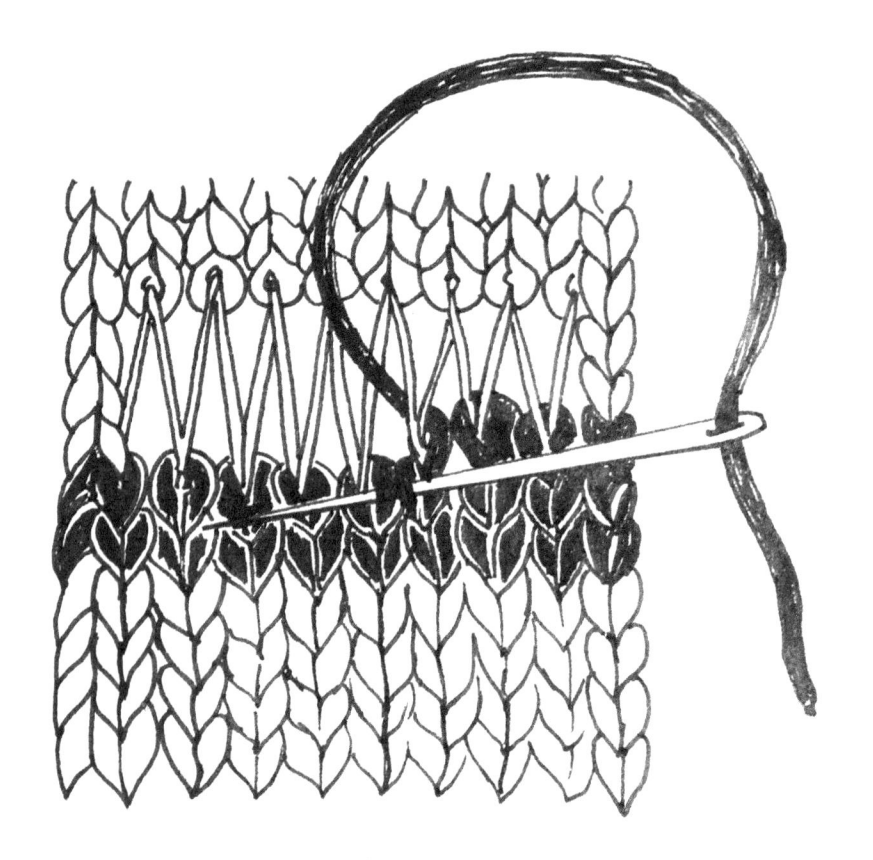

WIE MAN EINE BEWEGUNG ZERSTÖRT

Wenn der Allgemeinheit die Existenz der freien Energie bewusst wird, werden alle Energie-, Finanz- und Machtsysteme zerbröckeln. Diejenigen, die derzeit an der Macht sind, nutzen viele Wege, um ihren Wohlstand und ihre Kontrolle zu erhalten. Agenturen wie die "Joint Threat Research Intelligence Group" (JTRIG) führen Programme zur Rufschädigung durch, die die Wahrheit beschmutzen und Bewegungen zerstören. Sie haben Mottos wie: "The 4 D's: *Deny, Disrupt, Degrade, and Deceive*" (Leugnen, stören, abwerten, täuschen).

Einige ihrer Techniken:

- "Zu den wichtigsten selbsterklärten Zielen von JTRIG gehören zwei Taktiken: (1) jede Art von falschem Material in das Internet zu injizieren, um den Ruf derer zu zerstören, auf die sie abzielen; und (2) Sozialwissenschaften und andere Techniken einzusetzen, um Online-Diskurs und Aktivismus zu manipulieren, um Ergebnisse zu schaffen, die sie für wünschenswert halten."
- 'Honig-Fallen' (Menschen mit Sex in kompromittierende Situationen locken).
- 'False Flag Operations' (Material im Internet posten und es fälschlich jemandem anderen zuzuschreiben).
- Gefälschte Opfer-Blog-Posts (Vorgeben, Opfer der Person zu sein, deren Ruf zerstört werden soll) sowie das Posten von "negativen Informationen" in verschiedenen Foren.

Hier ist eine Folie, die Teil des Lehrmaterials von Agenten ist, die lernen, wie sie manipulative Ergebnisse "erzielen". Wir glauben, dass man die CE-5-Welt bereits im Visier hat. Um diese Bewegung stark zu halten, müssen wir uns auf unsere gemeinsame Ideologie und unsere gemeinsamen Überzeugungen besinnen und uns gegen diejenigen verbünden, die keine Freiheit für alle wollen.

SECRET//SI//REL TO USA, FVEY

Frakturpunkte identifizieren & ausnutzen

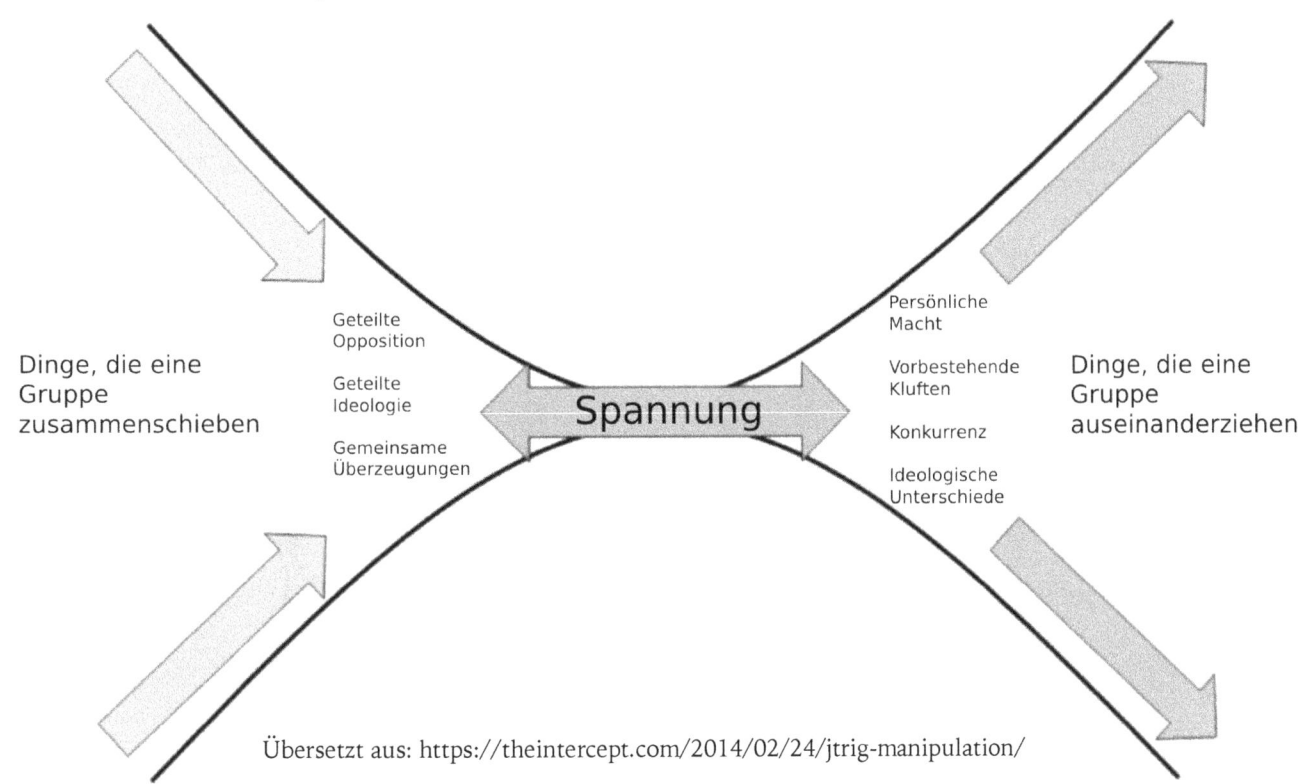

Dinge, die eine Gruppe zusammenschieben
- Geteilte Opposition
- Geteilte Ideologie
- Gemeinsame Überzeugungen

Spannung

Dinge, die eine Gruppe auseinanderziehen
- Persönliche Macht
- Vorbestehende Klüften
- Konkurrenz
- Ideologische Unterschiede

Übersetzt aus: https://theintercept.com/2014/02/24/jtrig-manipulation/

DIE ZUKUNFT

Ich möchte mich von euch mit einer kurzen Geschichte darüber verabschieden, wie mein 7-jähriger Sohn mit ET bekannt gemacht wurde. Wir waren im Banff-Nationalpark und haben uns eingemummelt, um zum ersten Mal gemeinsam in die Sterne zu schauen. Wir sahen uns die Milchstraße an und er liebte den Laserpointer. Er sagte, es sei wie ein Lichtschwert, das ewig ins All reicht. Ich sah eine Sternschnuppe (oder Streaker) und zeigte ihm, wo sie gewesen war. Er hatte noch nie eine Sternschnuppe gesehen und ich hoffte, dass er in dieser Nacht auch eine sehen würde, aber ich dachte: *Wie soll er eine sehen, wenn sie so schnell vorbeiziehen?* In seinem Alter braucht er sehr viel Zeit, um Informationen aus der Welt zu filtern und ein winziges, schnelles Licht wie dieses wäre sehr schwer zu erfassen. Während wir uns die Sternbilder ansahen, erzählte ich ihm, dass wir auch nach UFOs Ausschau halten und dass sie wie Kamerablitze aussehen. Er wurde sehr aufgeregt und rief "Hallo Aliens!" in den Himmel und keinen Moment später sah ich einen Blitz! Mit dem Laserpointer umkreise ich die Stelle wo der Blitz aufgetaucht war und als er sich auf diese Stelle konzentrierte, sahen wir beide etwa 5 oder 6 weitere Lichter kurz hintereinander auftauchen. Wir waren so aufgeregt, kreischten und lachten und jubelten im Dunkeln. Er fragte, ob das das sei, was ich täte, und ich sagte: "Ja." Er sagte, er hätte nicht gewusst, dass es so viel Spaß macht. Wir sagten "Danke" und fuhren fort, uns gegenseitig Sternbilder zu zeigen. Als ihm kalt wurde, machten wir uns zum Gehen bereit und ich sagte "Tschüss zusammen!" in den Himmel. Er schaute auf, winkte und sagte "Bye!" Sofort erschien ein weiteres großes Blitzlicht! Mit seiner sich noch entwickelnden Fähigkeit, einen solch schnellen Blitz wahrzunehmen, verpasste er ihn leider, doch sobald ich ihm zeigte, wo er gewesen war, zog eine Sternschnuppe vorbei. Seine erste Sternschnuppe. (Oder Streaker!) Mein Wunsch für ihn wurde erfüllt. Er wünschte sich etwas, und wir gingen hinein.

Stellt euch die Welt vor, die wir für unsere Kinder zu erschaffen helfen, die schon bereit sind, sie zu empfangen.

Mit Liebe für euch alle
Cielia und die Calgary CE-5 Gruppe

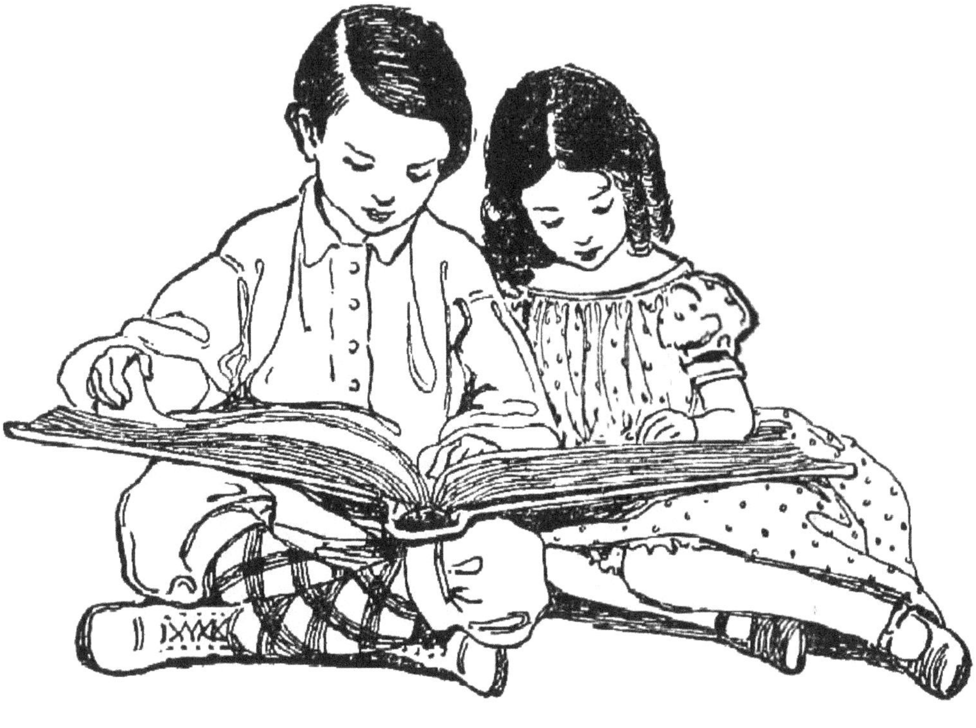

CE-5 MUSTERVORLAGEN

Verwendet diese Vorlagen auf den folgenden Seiten, um eure Feldarbeit zu dokumentieren. Wenn die drei Schlüsselelemente erfüllt sind (1. Verbindung zum Ein-Geist-Bewusstsein, 2. ein aufrichtiges Herz, 3. klare Intention), glauben wir, dass ihr nach 6 Protokollen mindestens eine Sichtung hattet.

CE-5 Log 1
Datum: _____
Ort: _____
Uhrzeit Start/Ende: _____

Anwesend:
_____
_____

Programm:

Int./Ext. Erlebnisse oder Sichtungen:

CE-5 Log 2
Datum: _____
Ort: _____
Uhrzeit Start/Ende: _____

Anwesend:
_____
_____

Programm:
_____   _____
_____   _____
_____   _____
_____   _____
_____   _____
_____   _____
_____   _____

Int./Ext. Erlebnisse oder Sichtungen:
_____
_____
_____
_____
_____
_____
_____
_____
_____
_____
_____
_____
_____
_____
_____
_____
_____
_____
_____
_____
_____
_____

CE-5 Log 2

CE-5 Log 3
Datum: _____
Ort: _____
Uhrzeit Start/Ende: _____

Anwesend:
_____
_____

Programm:

_____	_____
_____	_____
_____	_____
_____	_____
_____	_____
_____	_____
_____	_____

Int./Ext. Erlebnisse oder Sichtungen:

CE-5 Log 4
Datum: _____
Ort: _____
Uhrzeit Start/Ende: _____

Anwesend:
_____
_____

Programm:

_____	_____
_____	_____
_____	_____
_____	_____
_____	_____
_____	_____
_____	_____
_____	_____

Int./Ext. Erlebnisse oder Sichtungen:

_____

CE-5 Log 5
Datum: _____
Ort: _____
Uhrzeit Start/Ende: _____

Anwesend:
_____
_____

Programm:

Int./Ext. Erlebnisse oder Sichtungen:

CE-5 Log 6
Datum: _____
Ort: _____
Uhrzeit Start/Ende: _____

Anwesend:
_____
_____

Programm:

_____	_____
_____	_____
_____	_____
_____	_____
_____	_____
_____	_____
_____	_____

Int./Ext. Erlebnisse oder Sichtungen:
_____
_____
_____
_____
_____
_____
_____
_____
_____
_____
_____
_____
_____
_____
_____
_____
_____
_____
_____
_____
_____
_____

CE-5 Log 6

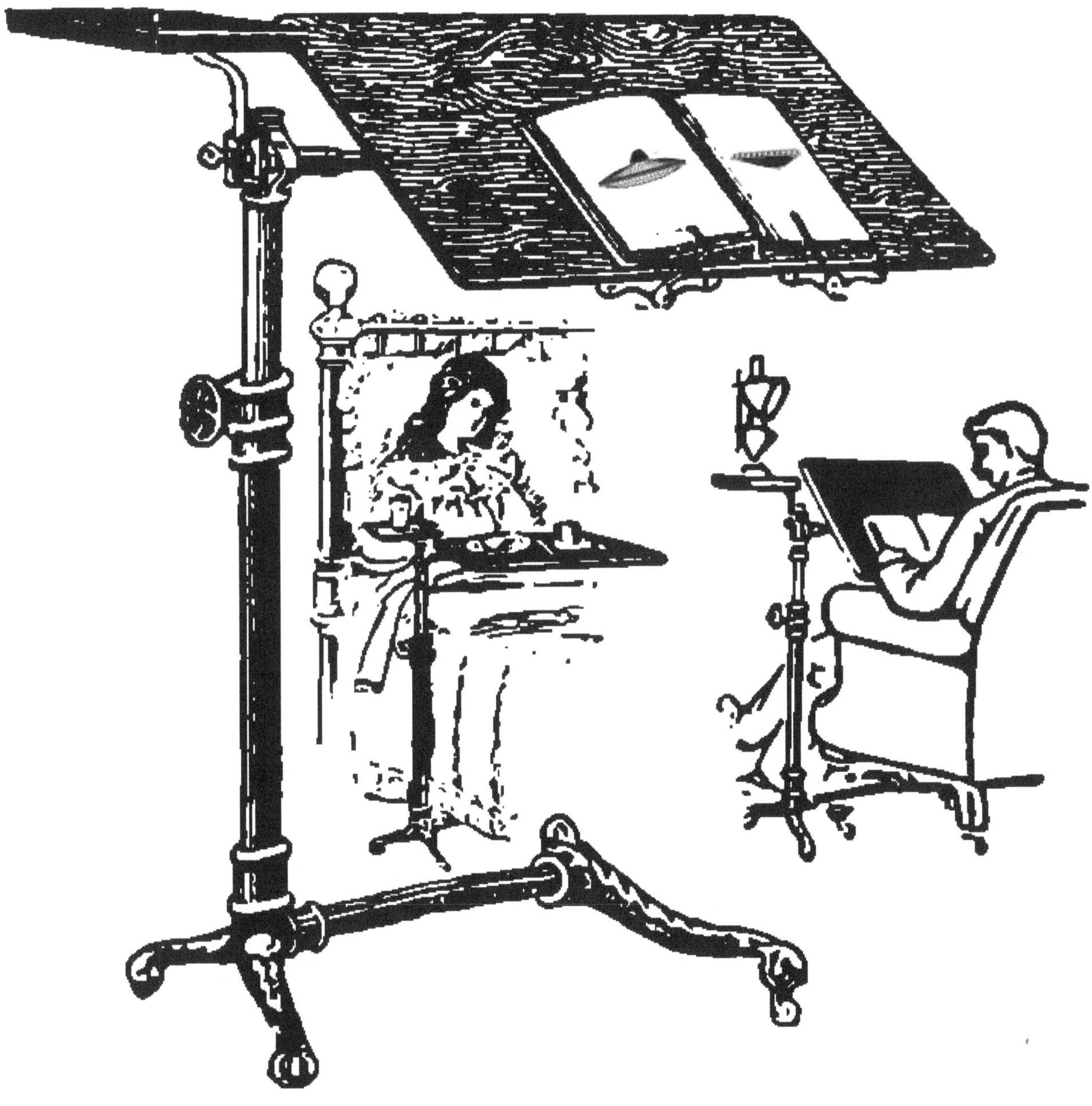

WER IST WER BEI CE-5

Es gibt eine Reihe von wichtigen Mitwirkenden in der Welt des Kontakts und/oder des CE-5. Viele dieser Menschen betreiben aktuell Anstrengungen, um mit ET zu kommunizieren und ihr könnt euch ihnen bei einem Retreat anschließen.

Sixto Paz Wells – Spanien und Lateinamerika
Sixto gründete 1974 Rahma, die erste moderne, strukturierte und internationale ET-Kontaktgruppe. Rahma wurde mit der Mission gegründet, eine Brücke zwischen ET-Zivilisationen und Menschen zu schlagen, im besten Interesse des Planeten und der Menschheit. Sixto ist bekannt dafür, die internationale Presse zu zehn Sichtungen eingeladen zu haben, bevor sie passierten. Die spanische Welt der Ufologie ist anders als die englische: Informationen über die Anwesenheit von ET auf der Erde sind im spanischen Web viel mehr verfügbar und der Kontakt dort ist enger und intensiver gewesen. Dies ergibt sich wahrscheinlich aus der Struktur ihrer direkten, klaren und konsequenten Sprache, die das Bewusstsein der Kultur als Ganzes widerspiegelt, und ebenso ihrer Bereitschaft zum Kontakt. http://www.sixtopazwells.com/

Enrique Villanueva – Westküste, USA
Enrique kam 1988 zu Rahma und gründete 2009 eine Satellitengruppe in Los Angeles. Derzeit arbeitet Enrique als professioneller Hypnosetherapeut in Kalifornien und leitet jeden Sommer ein Kontakt-Retreat am Mt. Shasta, das auf den Rahma-Kontaktprotokollen basiert. Wir wissen nicht viel über Enrique, also lassen wir dieses Zitat für ihn sprechen. Er sagt: "Sie (ET) sagen, dass der wichtigste Kontakt nicht der Kontakt mit ihnen ist, sondern der Kontakt im Inneren. Wenn man diese Ebene erreicht hat, dann ist der Kontakt mit ihnen eine Folge der eigenen Vorbereitung. Sie sind also immer offen und warten darauf, dass wir diese Ebene erreichen, und dann werden sie die Erfahrung für dich auslösen. Es ist eine Einladung, unser Bewusstsein zu erweitern. Und sie sind bereits hier. Wir brauchen keine Botschafter. Jeder einzelne Mensch kann ein Botschafter sein."
https://www.facebook.com/enrique.villanueva.56,
http://enriquevillanueva.weebly.com/

Dr. Steven M. Greer – Südosten der USA
Steven Greer, MD, war Arzt in der Notaufnahme, dessen Leben eine unerwartete Wendung in die Welt der ET, Staatskorruption, Vertuschung, Black Ops, von Menschen gemachten Raumschiffe, konfiszierten freien Energiegeräte, Whistleblower und Informanten nahm. Er lehrt das CE-5-Protokoll durch die Gruppe CSETI seit 1990. Er ist brillant, energiegeladen und geht konsequent seinen oft herausfordernden Weg. Er leitete 2001 das "Disclosure Project", hat mehrere Bücher veröffentlicht und auch zwei große Dokumentarfilme produziert.
http://siriusdisclosure.com/

Lyssa Royal Holt – Arizona, Japan
Lyssa war ungefähr in den 90er Jahren eines der ursprünglichen Mitglieder von CSETI und leitete danach ein Kontaktteam in Arizona, wo sie und ihre Gruppe mehr Informationen über die Kontaktmethodik durch ihren Channeling-Prozess erhielten. Seit 2010 beschäftigt sich ihre Gruppe mit dem Eintritt und der Arbeit in Quantenbewusstseinszuständen. Ihr Buch "Prepare for Contact" ist ein essentielles Handbuch, das die enge Verbindung zwischen Sichtungen und der Entwicklung des Bewusstseins beschreibt. Du kannst an Übungen und speziellen Veranstaltungen mit ihr in Arizona, Japan und an anderen Orten teilnehmen.
http://www.lyssaroyal.net/

James Gilliland – Pazifischer Nordwesten, USA
James ist der Gründer von ECETI (Enlightened Contact with ET Intelligence), das sich auf einem Grundstück in der Wildnis des Staates Washington befindet, wo eine lange Geschichte von UFO-Sichtungen über hunderte von Jahren zurückreicht. Es ist auch als "*The Ranch*" bekannt und existiert schon seit mehreren Jahrzehnten. Der Mount Adams ist in der Nähe und hat möglicherweise eine intergalaktische ET-Basis im Inneren – wir kennen jemanden, der sah, wie eine Tür im Berg sich öffnete und dann UFOs rein- und rausflogen! James ist freundlich, sympathisch und steckt voller Papawitze. Um die Ranch zu besuchen, muss man zuerst um eine private Einladung bitten – gehe auf seine Website. http://www.eceti.org/

Kosta Makreas – Westküste, USA
Kosta ist der Leim, der die CE-5-Welt zusammenhält. Er stellt seit 2006 erfolgreich ET-Kontakte her und hat unterwegs "The People's Disclosure Movement", "The Global CE-5 Initiative" sowie die ETLet'sTalk-Community ins Leben gerufen. Die ETLet'sTalk-Community hat mehr als 20.000 Mitglieder in über 100 Ländern (mehr über dieses wichtige Netzwerk findet ihr im Abschnitt über "The People's Disclosure"). Er hat sein Leben der Verbreitung von Bewusstsein und Hoffnung durch seine Projekte gewidmet, indem er die Bestärkung durch Gemeinschaft für den einfachen Menschen erleichtert. Er ist edel und bodenständig zugleich. Seine reizende Partnerin Hollis Polk erschafft mit ihm gemeinsam und lehrt die Menschen fachkundig, wie sie ihre natürlichen, übersinnlichen Kräfte erkennen und entwickeln können, um eine bessere ET-Kontakt-Erfahrung zu schaffen. Sie sind ein Power-Paar, mit dem man rechnen muss. http://etletstalk.com/

Kleinere Fische, aber wir lieben sie

Mark Koprowski – Tokio, Japan
Ursprünglich aus Minnesota stammend, leitet Mark seit 2013 CE-5-Veranstaltungen in Japan. Er war auf einer Reihe von Kontakt-Retreats auf der ganzen Welt und weiß, wer was und wo macht. Mark hat unserer Gruppe viele großartige Ratschläge gegeben, von denen viele in diesem Handbuch enthalten sind und die uns sehr bei unserem Fortschritt geholfen haben. Mark hat auch als Mitwirkender für dieses Buch geholfen. Wenn ihr die Website oder die Facebook-Seite seiner Gruppe besucht, findet ihr einige interessante Artikel, Videos und CE-5-Feldberichte, die für jeden relevant sind, der irgendwo auf der Welt CE-5 praktiziert. http://www.ce5tokyo.org

Deb Warren – OCSETI (Okanagan Centre for Study of ET Intelligence), Westkanada
Deb ist unsere Mentorin aus der Provinz nebenan und leitet ihre CE-5-Gruppe von Vernon, BC aus. Wir lernten sie auf einer ihrer zahlreichen CE-5-Touren durch Westkanada kennen, wo sie großzügig ihre Sommer damit verbrachte, über viele Kilometer von Gruppe zu Gruppe zu reisen, um ihr Wissen zu teilen und Feldarbeit mit Neulingen zu machen. Sie war auf mehr von Dr. Greers Retreats, als man an zwei Händen abzählen kann und sie hat sich immer frei für Hilfe und Unterstützung zur Verfügung gestellt. Wir sind sehr dankbar für all die Telefonanrufe und E-Mails, die sie beantwortet hat. Sie hat uns bei diesem Handbuch sehr geholfen und eine bedeutende Lücke im Abschnitt über die Ausrüstung gefüllt. https://ocseti.wordpress.com/

MEDIENEMPFEHLUNGEN

Bücher
- *Preparing for Contact* (Lyssa Royal Holt)
- *Calling on Extraterrestrials* (Lisette Larkins)
- *Paths to Contact* (Jeff Becker)
- *The E.T. Contact Experience – CE-5 Handbook* (Peter Maxwell Slattery)
- *Evolution Through Contact* (Don Daniels)
- *Forbidden Truth, Hidden Knowledge* (Steven M. Greer)
- *Contact: Countdown to Transformation* (Steven M. Greer)
- *Unacknowledged* (Steven M. Greer & Steve Alten)
- *Exopolitics: Political Implications Of The Extraterrestrial Presence* (Michael E. Salla)
- *Galactic Diplomacy: Getting to Yes with ET* (Michael E. Salla)
- *Bringers of the Dawn* (Barbara Marciniak)
- *Becoming Gods* (James Gilliland)
- *The Orb Project* (Miceal Ledwith & Klaus Heinemann)
- *From Venus I Came* (Omnec Onec)
- *The Hathor Material* (Tom Kenyon)
- *Secrets of the Lost Mode of Prayer* (Gregg Braden)
- *Walking Between the Worlds* (Gregg Braden)
- *Electrogravitics Systems* (Thomas Valone, PhD.)
- *Defying Gravity* (T. Townsend Brown)
- *Love* (Leo Buscalia)
- *Conversations with God, Book 4 – Awaken the Species* (Neale Donald Walsch)

Podcasts
- *CE-5 Minneapolis* moderiert von Paul Riedner. 13 Episoden produziert.
- *As You Wish Talk Radio* moderiert von James Gilliland.
- *Becoming a Cosmic Citizen* moderiert von Sierra Neblina & Don Daniels.
- *Fade to Black* moderiert von Jimmy Church.
- *Opens Mind UFO Radio*
- *The Grimerica Show* moderiert von Graham & Darren.
  Graham ist schon seit Jahren bei unserer CE-5-Gruppe. Er und Darren sind forschende Grenzgänger zu einer breiten Palette faszinierender Themen wie: Bewusstsein, UFOs, alte Mysterien, alternative Realitäten, etc. Der Vorspann zu jedem Interview lohnt sich allein schon wegen des Geplänkels und der Jingles. Zu den Gästen gehören: Stanton Friedman, Jacques Vallee, Richard Dolan, Joseph Farrell und viele mehr. Hört euch unbedingt Folge #243 mit Grant Cameron und #220 mit Kosta und Hollis an.

Websites & YouTube
- **ETLet'sTalk** – Wie bereits vielfach erwähnt, bietet ETLet'sTalk eine Fundgrube an CE-5-Berichten, CE-5-Gruppen und mehr. ETLet'sTalk präsentiert auch die Webinare von Danny Sheehan. Danny ist Anwalt für Verfassungsrecht und öffentliches Interesse, öffentlicher Redner, politischer Aktivist und Lehrer. Er spricht regelmäßig über Cosmic Humanity, Meditation und Bewusstsein und verwandte Themen. http://etletstalk.com/
- **Sirius Disclosure** – Dr. Greers Zentralstelle. http://www.siriusdisclosure.com/

- Center for the Study of Extraterrestrial Intelligence (CSETI) http://www.cseti.org/
- Enlightened Contact with Extraterrestrial Intelligence (ECETI) http://www.eceti.org/
- ECETI Australia – CE-5 Ressource Down Under unter der Leitung von Peter Maxwell Slattery. https://www.ecetiaustralia.org/
- Peter Maxwell Slattery – Eine weitere Webseite von Peter. https://www.petermaxwellslattery.com/
- The Pete N Rae Pathways Show umfasst Themen wie CE5, Bewusstsein, nicht-humane Intelligenzen und ein großes Spektrum an kontaktbezogenen Phänomenen. https://www.youtube.com/channel/UCEdJ75f6ipFbKdUjGeGzMQQ
- CE-5 Aotearoa – Non-Profit Oganisation aus Neuseeland zum dortigen und globalen CE-5-Austausch. https://www.ce5.nz/
- JCETI Japan – Japan Center for Extraterrestrial Intelligence, geleitet von Greg Sullivan. Japanisch: http://www.jceti.org/, Englisch: http://www.ce5-japan.com
- Daryl Anka – Channel-Medium einer ET-Intelligenz namens Bashar http://www.bashar.org/
- Tom Kenyon – Channel-Medium der ET-Gruppe namens Hathoren. http://tomkenyon.com/
- Dr. Edgar Mitchell – Astronaut und Gründer von FREE (Foundation for Research into Extraterrestrial Encounters). http://www.experiencer.org/
- Richard Dolan – Für viele einer der führenden Autoren und Redner zu ET. https://www.richarddolanpress.com/
- Samoiya Shelley Yates – von der kanadischen Ostküste, hatte eine Nahtoderfahrung, bei der ET ihr sagten, wie sie wie durch ein Wunder das Leben ihres Sohnes retten und helfen könnte, durch Gruppenmeditationen vieler Millionen Menschen den Planeten in einer kritischen Zeit zu bewahren. https://www.youtube.com/watch?v=KHGyu_AXNWg&t=6
- Grant Cameron – Kanadischer Hyperspeed-UFO-Forscher, interessant, intelligent und unterhaltsam. http://www.presidentialufo.com/
- Michael Schratt – Black Ops, ARVs und UFOs. https://www.youtube.com/watch?v=pFWza6LTMrY

Dokumentationen & andere Medien

- *Unacknowledged* (2017) Nr. 1 Doku zum Thema. UFO-Vertuschung 101. (Auf Netflix).
- *Sirius* (2012) Obwohl schon älter, sieh dir diesen Film als 2. an. Enthält CE-5 sowie eine genetische Untersuchung eines mumifizierten ET-Körpers. https://www.youtube.com/watch?v=5C_-HLD21hA
- *Contact Has Begun: A True Story with James Gilliland* (2008) https://www.youtube.com/watch?v=V261_HKD4aQ
- TODO ES ENERGIA (Everything Is Energy)
  Gustavo, ein Mitglied unserer CE-5-Gruppe in Calgary, hat eine spanischsprachige Facebook-Gruppe mit allen möglichen Informationen über die Verbindung von Körper, Geist und Seele, einschließlich: Erwachen, Verschwörungen, Yoga, Außerirdische, Reiki, Prana-Heilung, Kristalle, Tarot, Meditationen, Remote Viewing, Astralprojektion, luzide Träume, Energie, Physik und Quantenmechanik sowie Akupunktur. Sucht auf Facebook nach dem Gruppennamen, um beizutreten. https://www.facebook.com/groups/838503992965283/

BEGRIFFSGLOSSAR

A

Alien Reproduction Vehicles (ARV): Von Menschen gebaute Schiffe, die aus abgestürzten UFOs nachgebaut wurden

aliens: Wesen nicht von "hier"

alleged meteor a.k.a. 'streaker': Eine Sternschnuppe, die ein UFO sein könnte

alleged satellite: Ein Satellit, der ein UFO sein könnte

alleged star: Ein Stern mit anomalen Eigenschaften, der ein UFO sein könnte

ambassador: Ein Botschafter, Vertreter für eine Gruppe

ancient mystery schools: Alte Schulen zur Wahrung alter heiliger Lehren

angelic beings: Wesen, die himmlisch/spirituell/engelsgleich sind

anomalous light: Nicht erklärbare Lichtphänomene

Arcturians: Kleine, grünlich-blaue fortgeschrittene Wesen mit drei Fingern und mandelförmigen Augen

ARVs: Von Menschen gebaute Schiffe, die aus abgestürzten UFOs nachgebaut wurden

ascended masters: Lebewesen, die Erleuchtung erlangt haben

ascension: Spirituelle Evolution

astral body: Ein Teil von dir, der Energie ist und sich frei vom physischen Körper bewegen kann

atmospheric refraction: Flimmern der Sterne in Horizontnähe durch turbulente Luftschichten

aurora: Wunderschöne Sonnenwind-Atmosphären-Lichter über den Polregionen

Avian Beings: Große, blau gefiederte, vogelartige und humanoide Wesen auf hohem Niveau

B

Becker-Hagens grid: Ein Erd-Gitter, in dem spezielle Energiepunkte zusammenlaufen

bio-break: Pause im Verlauf des Abends, um menschlichen biologischen Bedürfnissen nachzukommen

black-ops: Militärprojekte, die obszöne Mengen an Steuergeldern verschlingen

brahmin consciousness: Ein Bewusstseinszustand gleich dem inkarnierten Göttlichen

C

CE-1: Begegnung der 1. Art (Sehen eines ET-Raumschiffs innerhalb von 500 Fuß)

CE-2: Begegnung der 2. Art (Physikalische Hinweise auf eine Landung oder ein Schiff)

CE-3: Begegnung der 3. Art (Sichtung eines Wesens)

CE-4: Begegnung der 4. Art (Surreale Begegnung und Interaktion sowie Entführungen)

CE-5: Begegnung der 5. Art (Vom Menschen initiierte Kommunikation mit ET)

celestial beings: Wesen aus anderen Realitäten wie Geister, Engel, aufgestiegene Meister

celestial: Himmlisch

chakras: Energiezentren im Körper die Wirbelsäule hinauf nach oben zum Kopfzentrum

channelling: Wenn jemand Kommunikation eines anderen Wesens weitergibt (ET oder nicht-physisch)

clairaudience: Hören über die normale Sensorik hinaus

clairgustance: Schmecken über die normale Sensorik hinaus

clairscent: Riechen über die normale Sensorik hinaus

clairsentience: Spüren von nicht-physischen Empfindungen oder Energien im Körper

clairvoyance: Wahrnehmung, die über die normalen sensorischen Fähigkeiten hinausgeht

cloud busting: Versuch, Wolken durch Intentionen zu formen oder zu bewegen

consciousness: Liebe. Oder Bewusstsein. Oder Ausdehnung. Oder Gott. Oder...

cosmic consciousness: Das kollektive Bewusstsein des Universums selbst

cosmos: Das Universum, besonders ein harmonisches, wohlgeordnetes

crop circle tones: Kornkreistöne, anomale in einem Kornkreis aufgenommene Klänge

crop circle: Geometrische Muster in Feldern mit anomalen, umgeformten Pflanzknoten

crown chakra: Kronen-Chakra, das 7. Chakra, Energiezentrum am Scheitel des Kopfes, Farbe: violett

CSETI: Center for the Study of Extraterrestrial Intelligence, gegründet von Dr. Steven Greer

D

didgeridoo: Ein australisches Blasinstrument, hergestellt aus einem hohlen Ast
dimensions: Verschiedene Realitäten/Welten, die als 3D, 4D, 5D usw. kategorisiert werden
dis-info agent: Bezahlter Lügner, um Unwahrheiten zu verbreiten und Menschen zu täuschen
disclosure: Wenn die Wahrheit über ET enthüllt wird
Disclosure Project, The: CSETI-Kampagne, die der Öffentlichkeit Information zu ET enthüllte
distorted sky: Anomale partielle Himmelserscheinung (Wärmewellen, schimmernd, dunkler)
download: Energie oder Informationen, die in den Körper/das Bewusstsein/das Wissen gebracht werden
drone: Ein Luftfahrzeug, das von einem Menschen am Boden ferngesteuert wird

E

ECETI: Enlightened Contact with Extraterrestrial Intelligence – James Gillilands Gruppe von Suchenden
emissary: Sonderbeauftragter auf einer Mission, normalerweise ein diplomatischer Vertreter
energy download: Energien zur Heilung, Bestärkung oder Aufwertung
energy: Unsichtbare, bewegte/pulsierende Kraft, woraus wir gemacht sind, wie das Leben funktioniert
ET: Extraterrestrischer, Außerirdischer
ETLet'sTalk: Netzwerk-Seite für CE-5-Begeisterte
expansion: Umschreibung der Bewusstwerdung über die eigene, wahre Natur
external communication: Erhaltene Informationen von anderen Wesen, die in 3D-Realität vorkommen
extraterrestrial: Ein Wesen, das nicht von der Erde stammt

F

fast walker: NORAD-Bezeichnung für schnelle Satelliten, Raketen oder ein schnelles UFO
Federal Reserve: Ein Privat-Unternehmen, das einen legitimiert Weg erfunden hat, dir das Geld zu stehlen
fieldwork: CE-5-Arbeit in der Natur
flashbulb: Ein kurzer Blitz wie ein Blitzlicht am Himmel, wie ein Stern, der schnell auftaucht und verschwindet
free energy: Die Fähigkeit, die endlose Energie um uns einzufangen
FREE: Dr. Edgar Mitchells Foundation for Research into Extraterrestrial Encounters
frequency: Das Tempo, in dem sich unsere Elementarteilchen bewegen, wobei hohe Schwingungen = Liebe, niedrige Schwingungen = Angst

G

gaia: Ein personifizierter Name, der unseren lebenden Planeten beschreibt
geo-stationary orbit: Synchrone Bewegung mit der Erde (das Objekt scheint für den Beobachter von unten zu stehen)
Global CE-5 Initiative, The: Initiative, die monatlich einheitliche globale CE-5s abhält
golden age: Zukünftige Ära auf der Erde mit utopischen Eigenschaften
Great Spirit: Ein indigener Begriff für eine universelle spirituelle Kraft (Schöpfer, Gott, etc.)

H

Hathors: Hochentwickelte humanoide Wesen, Meister des Klangs", mit feinen, fächerartigen Ohren
heart chakra: 4. Herz-Chakra, Energiezentrum am Herzen, Farbe: grün
Hubble telescope: Eines der größten und vielseitigsten Teleskope im All
hybrid: Ein Wesen, das zum Teil Mensch und zum Teil ein anderes Wesen ist
hyper-jump: Reisen mit Überlichtgeschwindigkeit
hypnogogic state: Übergangszustand während des Einschlafens oder Aufwachens

I

inter-dimensional: Fähigkeit, sich zwischen Welten/Realitäten/Dimensionen zu bewegen
internal communication: Innerer Empfang von Informationen von anderen Wesen
International Space Station (ISS): Internationale Forschungsstation, die mit Menschen besetzt ist
Interplanetary Council: Versammlung von ET-Botschaftern, die für Gesetz & Ordnung sorgen

Begriffsglossar

interstellar: Der Raum zwischen den Sternen
Iridium flare: Satelliten, die früher das Sonnenlicht kurz reflektierten und hell aufschienen

L
law of attraction: Das Gesetz der Anziehung – ein Prinzip, nach dem Gefühle (Schwingung) und Gedanken Manifestationen schaffen
light body: Lichtkörper, ein Teil von dir, der Energie ist und sich frei vom physischen Körper bewegen kann
Lion Beings: Fortgeschrittene Wesen mit katzenartigen und humanoiden Eigenschaften
lock on: Wenn ein Schiff, das man mit einem Laserpointer oder einer Taschenlampe anblinkt, das Signal erwidert
low flier: Tief fliegendes UFO
lucid dreaming: Wissen, dass du träumst, während du träumst

M
manifestation: Das Endergebnis der Schöpfung durch Gedanke, Wort und Tat
mantra: Etwas, was du immer wiederholst, um dir bei der Meditation oder Konzentration zu helfen
meditation: Bewusstes Training des Geistes zur Fokussierung und zur Verbindung mit dem Ein-Geist-Bewusstsein
merging: Einvernehmliches Verschmelzen mit einem anderen Wesen
merkabah: Ein göttliches Lichtgefährt, das mit Intention durch Verwendung heiliger Geometrie gemacht wird
Military Industrial Complex (MIC): Arm der US-Regierung, der außer Kontrolle ist und nicht zur Rechenschaft gezogen wird
military spacecraft: Von Menschen anhand von abgestürzten UFOs nachgebaute Schiffe
Milky Way: Sternenreicher Spiralarm unserer Galaxis, nur in sehr dunklen Gebieten sichtbar
multi-dimensional: Fähigkeit, sich in mehreren Dimensionen zu bewegen
mystery schools: Alte Schulen zur Wahrung alter, heiliger Lehren

N
namaste: "das Göttliche in mir grüßt das Göttliche in dir"
negative entities: lästige, unheimliche, irritierende, aber schlussendlich nichtige Geister oder Energien
negative extraterrestrials: Primitive, egomane Wesen aus anderen Welten
New World Order: Ein unterdrückerisches, totalitäres System, das der Klüngel nicht geschafft hat einzuführen
non-physical beings: Alle Formen von Wesen ohne physischen Körper
NORAD: North American Aerospace Defense Command
Nordics: Fortgeschrittene Wesen, in der Form kaukasischen Menschen ähnlich
Northern Lights: Nordlichter, wunderschöne Sonnenwind-Atmosphären-Lichter über den Polregionen

O
OCSETI: Okanagan Centre for the Study of Extra Terrestrial Intelligence
Om: Heiliges Mantra – "Klang des Universums" im Hinduismus/tibetischen Buddhismus
one mind consciousness: Der Bienenstock, das kollektive Bewusstsein, der Limes usw.
orb: Bewegte Kugel aus Energie/Licht, in vielen Größen und Farben
orientation: Positionsbestimmung am Standort (bei CE-5s unter dem Himmel)
out of body experience (OBE): (Bewusste) außerkörperliche Wahrnehmung

P
parallel reality: Mögliche Welt/Welten, die getrennt von der unseren koexistieren
People's Disclosure Movement, The: Organisation, die die Offenlegung durch das Volk vorantreibt
Pleiadians: Hoch entwickelte Wesen, in der Form kaukasischen Menschen ähnlich
power-up: Lichtkugel oder Erhellung, die einen Stern, Streifen, Satelliten oder ein Raumschiff umgibt
pranic energy: Universelle Energie, Lebenskraft, kosmische Energie
probes: Kleine Lichter in der Nähe von Gruppen, die vielleicht Informationen sammeln
protocol: Ein fester Ablaufplan, um Aufgaben auszuführen
puja: Lied oder Gebet aus dem Sanskrit

Q
quantum mechanical: Physikalische Theorie des Verhaltens von kleinsten Teilchen

R
Ranch, The: Spitzname für ECETI
re-unification with source: Theorie der Wiedervereinigung aller getrennten Teile des Universums
remote viewing: Ein militärischer Prozess, der Informationen durch den Zugriff auf das kollektive Bewusstsein sammelt
root chakra: 1. Chakra, Wurzel- oder Basis-Chakra, Energiezentrum im Körper am Steißbein/Beckenboden/Genitalien, Farbe: rot

S
sacral chakra: 2. Chakra, Sakral-Chakra, Energiezentrum am unteren Unterleib unter dem Nabel, Farbe: orange
singing bowl: Klangschale, ein tibetisches Musikinstrument für tiefe Meditation und Entspannung
sky watch: Den Himmel nach UFOs absuchen
slow walker: NORADs Begriff für ein Flugzeug
solar plexus chakra: 3. Chakra, Energiezentrum am oberen Unterleib über dem Nabel, Farbe: gelb
Source: Ein anderer Name für Gott, Schöpfer, Das Universum, Leuchtender See der Unendlichkeit, etc.
space station on rings of Saturn: Raumstation, die auf den Ringen des Saturn sein soll
star being: Sternenwesen
star family: Sternenfamilie, anderer Begriff für ET, der sich auch auf eine mögliche gemeinsame Abstammung bezieht
streaker: Eine Sternschnuppe, die ein UFO sein könnte
synchronicity: Synchronizität – nicht nur Zufall, eine kosmische Angleichung der Umstände

T
telepathy/telepathic communication: Mentaler/geistiger Informationsaustausch
telomeres: Die DNA schützende Endkappen am Ende der Chromosomen
theta brain state: Wenn die Hirnwellenfrequenz langsam ist, bei der Meditation, Entspannung oder im Schlaf
third eye chakra: 6. Stirn-Chakra, „3." Auge, Energiezentrum kurz über und zwischen den Augenbrauen, Farbe: kobalt-blau
throat chakra: 5. Hals-Chakra, Energiezentrum am unteren Kehlkopf, Farbe: türkis
toning: Das Erzeugen eines Vokal-Lautes über eine längere Zeit
trans-dimensional: Fähigkeit, sich zwischen mehreren Dimensionen zu bewegen
transcendental meditation (TM): Eine Meditations-Technik von Yogi Maharishi Mahesh

U
UAP: Unidentifiziertes Luftphänomen (Neuer Begriff für UFO)
UFO: Unidentifiziertes Flugobjekt
universal law: Grundstruktur des Lebens (alle sind eins, man erntet, was man sät)
universal one: Das Alpha und Omega, alles; alles, was existiert
upgrade: Energie, die jemanden heilen oder in eine positive Richtung bewegen soll

V
vibration: Das Tempo, in dem sich unsere Elementarteilchen bewegen, wobei hohe Schwingungen = Liebe, niedrige Schwingungen = Angst
vortex/vortices: Besondere Orte mit erhöhter Energie oder eine Masse aus wirbelnder Energie

Begriffsglossar

W
whistleblower: Insider, der die illegalen Geheimnisse verbrecherischer Menschen oder Organisationen enthüllt

Z
zenith: Der Teil des Himmels, der sich direkt über dir befindet

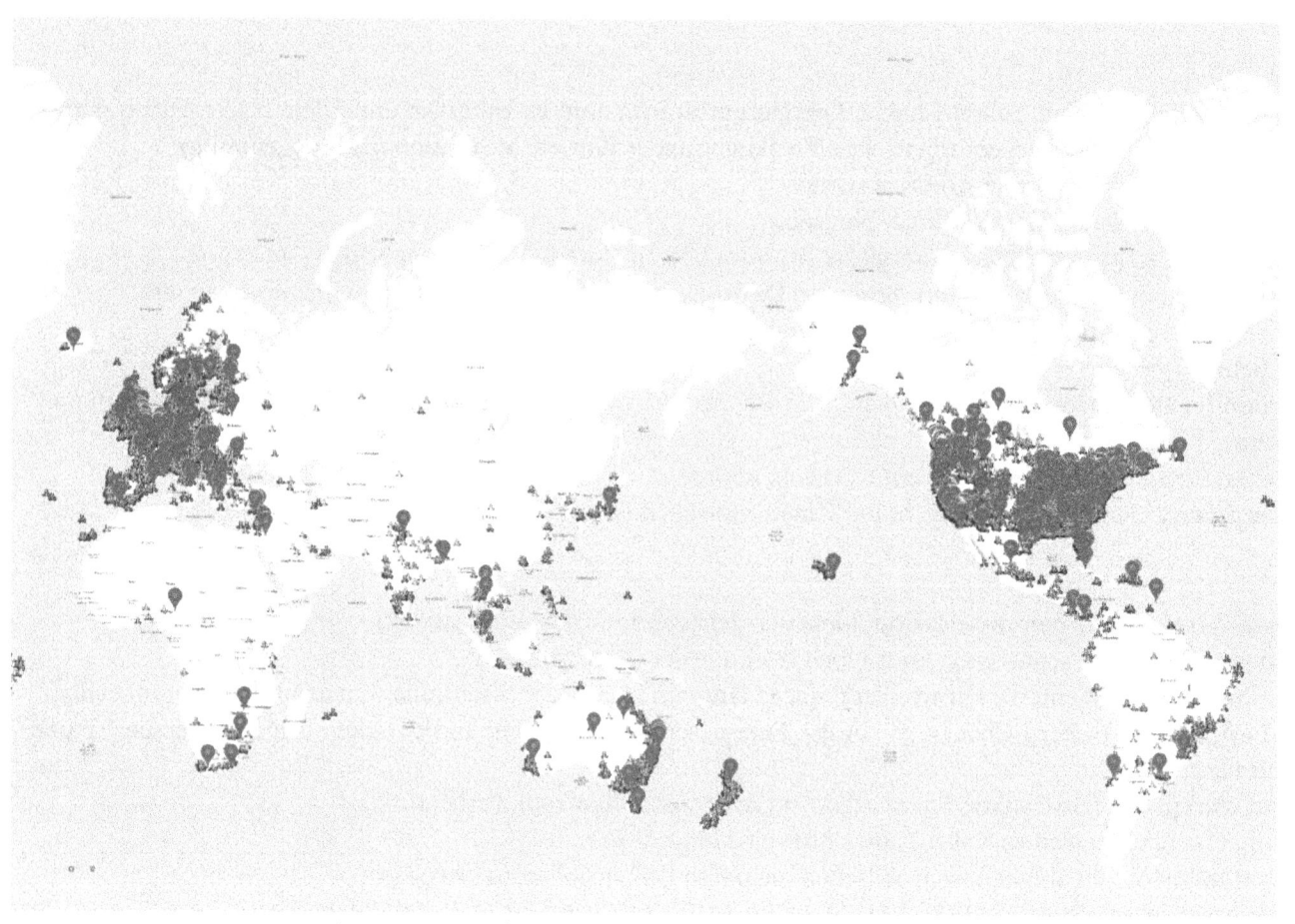

Registrierte Mitglieder aus beiden großen CE-5-Netzwerken

Milton Keynes UK
Ingram Content Group UK Ltd.
UKHW031915010923
427824UK00009B/20